Katharina Turecek

CLEVER LERNEN - KIDS
Erfolgreiches Lernen für Schule und Alltag

Impressum: Das Werk, einschließlich aller seiner Teile, ist urheberrechtlich geschützt. Jede Verwertung außerhalb des Urheberrechtsgesetzes ist ohne Zustimmung der Hubert Krenn VerlagsgesmbH unzulässig und strafbar. Das gilt insbesondere für Vervielfältigungen, Übersetzungen, Mikroverfilmungen sowie die Einspeicherung und Verarbeitung in elektronischen Systemen. Die in diesem Buch veröffentlichten Ratschläge sind mit größter Sorgfalt erarbeitet und geprüft worden. Eine Garantie kann jedoch nicht übernommen werden. Ebenso ist eine Haftung des Verlags und seiner Beauftragten für Personen-, Sach- oder Vermögensschäden ausgeschlossen. Jede gewerbliche Nutzung der Arbeiten und Entwürfe ist nur mit Genehmigung der Hubert Krenn VerlagsgesmbH gestattet.

Cover und grafische Gestaltung: Marianne Prutsch
Lektorat: Alexander Schipflinger, Anke Weber
Illustration: Sibylle Vogel
Druck und Bindung: Ueberreuter Print und Digimedia GmbH, 2100 Korneuburg

© Hubert Krenn VerlagsgesmbH, 2008
ISBN 978-3-902532-83-1

Sage es mir, und ich vergesse es;
zeige es mir, und ich erinnere mich;
lass es mich tun, und ich behalte es.

Konfuzius

Dieses Buch wäre nie ohne die tatkräftige Unterstützung vieler lieber Menschen entstanden.

An erster Stelle möchte ich hier meinem Verleger Hubert Krenn für die langjährige freundschaftliche Zusammenarbeit danken.
Das Manuskript wurde von einigen Leuten überarbeitet und bereichert. Besonders lieben Dank an Gabriela Freimuth für die zahlreichen Anregungen!
Vielen Dank auch an Egon Turecek, Elisabeth Turecek, Regina Beer und Ulrike Stepanek für eure hilfreichen Vorschläge.
Viele Ideen und Tipps sind in der Zusammenarbeit mit LehrerInnen, SchülerInnen und StudentInnen entstanden.
Dankeschön, es ist eine Freude zuzusehen, wie ihr die Methoden aus Seminaren und Coachings erfolgreich umsetzt.
Besonderen Dank an meinen Bruder Gregor Turecek für die unwichtigen wichtigen Dinge im Leben!
Last but not least: ein herzliches Dankeschön an Vincent de Vrijer für … Meer.

Dankeschön !

Liebe Eltern,
liebe Lehrerinnen,
liebe Lehrer!

Das Wichtigste, was wir lernen können, ist das Lernen selber. Heutzutage muss sich unsere jüngste Generation mehr denn je zuvor darauf einstellen, dass sie im Laufe ihres Lebens ständig weiterlernen wird. So sagen Forscher voraus, dass in Zukunft kaum jemand ein Leben lang in ein und demselben Beruf tätig sein wird. Wer also keinen entkrampften, von Interesse geleiteten Zugang zu neuem Wissen findet, dem droht ein lebenslanges „Ich muss". Und deswegen lautet die Devise dieses Buches: „Gewusst wie!"

Sie wollen Ihren „cleveren Kids" zu einem gelungenen Start verhelfen und sie rechtzeitig auf die Herausforderungen der modernen Zeit vorbereiten?

Dieses Buch ist für junge Lernende geschrieben. Ihnen als Eltern und Lehrende zeigt es Möglichkeiten, Ihren Kindern die Jahre in der Volksschule und den erfolgreichen Übergang in weiterführende Schulformen zu erleichtern.

Jedes Kapitel beginnt mit einer kurzen Einführung, die Ihnen einen Überblick über das entsprechende Thema verschafft. Zwischen den Informationen finden Sie jede Menge praktischer Tipps, die Sie sofort und einfach mit Ihren Kindern umsetzen können.

Was Sie von diesem Buch erwarten können:

Erstes Kapitel: Clever Brains
Einblick in die faszinierende Welt des menschlichen Gehirns. Erfahren Sie, wie Sie Ihr Kind gehirn- und altersgerecht fördern können.

Zweites Kapitel: Motivationstricks
Fitness-Tipps für das Gehirn. Schaffen Sie optimale Lernvoraussetzungen und bringen Sie Ihr Kid in Lernstimmung.

Drittes Kapitel: Organisationstricks
Selbstmanagement für Kids. Kinder müssen erst lernen, sich selber zu organisieren; Sie können ihnen dabei helfen.

Viertes Kapitel: Lerntricks
Lernstrategien: Ihr Kind kann aus einer Vielzahl an Lernstrategien für alle Lerntypen die ansprechendsten wählen.

Fünftes Kapitel: Merktricks
Erfolgreich Eselsbrücken bauen. Unterstützend finden Sie zahlreiche Tipps und Übungsbeispiele, die jede Merktechnik greifbar machen.

Sechstes Kapitel: Clevere Kids in der Schule
Erleichterung des Schulalltags. So nimmt Ihr Kind das Meiste aus der Schule mit und besteht Prüfungssituationen erfolgreich und ohne Stress.

Siebtes Kapitel: Clevere Kids im Alltag
Rechen-, Sprach- und Gedächtnisspiele. Fördern Sie Ihr Kind spielerisch im Alltag.

Tipp für clevere Kids:
Für dich sind zahlreiche Tipps in diesem Buch versteckt! Du erkennst sie an diesem Zeichen. Damit du die Tricks gleich anwenden und testen kannst, gibt es am Ende jedes Kapitels ein **cleveres Lern-Quiz** für dich!

Die Sprache in diesem Buch ist mit Absicht einfach und leicht verständlich gehalten. Auf Fachausdrücke wurde nach Möglichkeit verzichtet. So können ältere Kinder das Buch auch selbstständig lesen und verwenden.

Praktische Informationen gibt es auch im Internet:
www.a-head.at

Viel Spaß und viel Erfolg!
Katharina Turecek

Inhaltsverzeichnis

KAPITEL 1: CLEVER BRAINS

14 SCHLAUES KÖPFCHEN
Was im Kopf Ihres Kindes steckt

14 Die Firma „Gehirn"

19 UMBAU IM OBERSTÜBCHEN
Was geht in den Köpfen der Kinder vor?

19 0–5 Jahre: Gehirnentwicklung auf der Überholspur
21 5–6 Jahre: das Vorschulkind
21 6–10 Jahre: das Volksschulkind
23 Ab 10 Jahren: Bereit für die große weite Welt!

KAPITEL 2: MOTIVATIONSTRICKS

28 KINDLICHE NEUGIERDE WECKEN!
So motivieren Sie Ihr Kind

28 Konditionierung: Wie Sie Kinder belohnen und zurechtweisen
31 Selbstwertgefühl: Wer sich gut fühlt, lernt besser
32 Blick in die Kristallkugel: Die ersten Ziele setzen
33 Ich bin Superman/Superwoman und ich kann alles!
34 Lieblingsfach: Interessen wecken

35 ICH FÜHLE MICH RUNDHERUM WOHL!
So schaffen Sie optimale Lernvoraussetzungen

35 Lernen im Schlaf
36 Weisheit mit dem Löffel essen
38 Keine trockene Angelegenheit

40 DIE RICHTIGE LERNERGIE
Aktivierungs- und Entspannungsübungen

40 Muntermacher: Spiele zur Aktivierung und Konzentration
42 Raststation: Spiele zur Entspannung und Aufmerksamkeit
43 Blitzableiter: Übungen zur Beruhigung

KAPITEL 3: ORGANISATIONSTRICKS

50 HIER LERNE ICH!
Lernumgebung und Arbeitsplatz gestalten

- 50 Werkplatz: der Arbeitsplatz
- 51 Werkzeug: Schreibmaterialien
- 52 Andere Lernorte

54 JETZT LERNE ICH!
Zeitmanagement für Kids

- 54 Das Phänomen Zeit
- 54 Hausaufgaben: regelmäßig erledigen
- 56 Lernen: zielstrebig den Plan durchziehen
- 58 Kraft-Pausen

KAPITEL 4: LERNTRICKS

69 DIE LERNMASCHINE
Werkschritte für erfolgreiches Lernen

72 WERKSCHRITT „SORTIEREN"
Lerntechniken, die das Verständnis erleichtern

- 72 Was ist wichtig? Hervorheben und unterstreichen
- 77 Kleine Tricks, die beim Verstehen helfen
- 78 Aufnahmen im Lernstudio
- 78 Werbeplakate
- 80 Stichwortzettel im Haus

80 WERKSCHRITT „VERPACKEN"
Wiederholen ohne Langeweile

- 80 Kleine Wissenshäppchen
- 80 Brainstorming
- 81 Stofftierschule
- 81 Den Spieß umdrehen: Wir spielen Lehrer/Lehrerin
- 81 Lerntanz: Wiederholen mit Eigenproduktionen
- 82 Lernrallye
- 82 Lückentext

82 LERNKANÄLE
Mit allen Sinnen lernen

KAPITEL 5: MERKTRICKS

90 CLEVER MEMORY
Gedächtnistraining für Kids

- 90 Erinnerungshelfer: Gedächtnistricks im Alltag
- 95 Eselsbrücken: Gedächtnistricks für die Schule

101 MERKEN MIT SYSTEM
Mnemotechniken für Kids

- 102 Merkgeschichten: Wenn Märchen beim Erinnern helfen
- 103 Wissensraum: Das Klassenzimmer als Schummelzettel
- 105 Wissensburg: Lass deiner Fantasie freien Lauf!
- 107 Lernspaziergang
- 108 Body-Painting: Der Körper als Gedächtnishilfe

110 MERKTRICKS FÜR JEDEN FALL
Zahlen, Rechtschreibung und Details

- 110 Zahlenbilder: So merke ich mir jede Zahl
- 113 Rechtschreibtricks: Problemlos richtig schreiben
- 116 Details: Verwechslungen sicher vermeiden

KAPITEL 6: CLEVERE KIDS IN DER SCHULE

124 CLEVERE KIDS IM UNTERRICHT
Wie man das Meiste aus der Schule mitnimmt

- 124 Vorbereitung ist alles
- 126 Mitarbeit

130 DER ZIELEINLAUF
Schularbeit, Test und Prüfung erfolgreich bestehen

- 130 Mut-Probe: Bereite dich gut vor!
- 131 Ich bin richtig gut: Mentaltraining vor dem „Wettbewerb"
- 133 Wie ein Adler auf der Jagd: Die richtigen Antworten erwischen
- 136 Schummelzettel einmal anders
- 138 Lern-Coach: Wie war der letzte Wettbewerb?

KAPITEL 7: CLEVERE KIDS IM ALLTAG

146 RECHENSPIELE
Rechenkünstler im täglichen Leben

- 146 Rechenspiele für unterwegs
- 147 Rechenspiele für zuhause
- 147 Rechenspielzeug

149 SPRACHSPIELE
Spiele für alle Sprachen

- 149 Wortschatzspiele
- 151 Rechtschreibspiele
- 152 Kreative Sprachspiele
- 153 Spielerisch lesen üben

154 FÜR DAS LEBEN ...
Spielerisch lernen

- 155 Lernspiele
- 156 Gedächtnisspiele

Wie ist das Gehirn aufgebaut und welche Aufgaben erfüllt es? Lernen Sie mehr über das Gehirn, um Ihr Kind gehirngerecht zu fördern.

Wie entwickelt sich das Gehirn im Laufe der Entwicklung Ihres Kindes? Erfahren Sie alles über verschiedene Entwicklungsstadien, damit Sie Ihr Kind altersgerecht unterstützen können.

Dieses Kapitel dient dazu, Ihnen wichtiges Hintergrundwissen zu vermitteln. Sollten Sie sich in erster Linie für praktische Übungen interessieren, können Sie dieses Kapitel auch überspringen und sich sofort in die Anwendung stürzen.

CLEVER BRAINS

14　SCHLAUES KÖPFCHEN
Was im Kopf Ihres Kindes steckt

14　Die Firma „Gehirn"

19　UMBAU IM OBERSTÜBCHEN
Was geht in den Köpfen der Kinder vor?

19　0–5 Jahre: Gehirnentwicklung auf der Überholspur
21　5–6 Jahre: das Vorschulkind
21　6–10 Jahre: das Volksschulkind
23　Ab 10 Jahren: Bereit für die große weite Welt!

SCHLAUES KÖPFCHEN
Was im Kopf Ihres Kindes steckt

Ganz schön viel. Und das, was Ihr Kind im Kopf hat, ist noch dazu ganz schön in Bewegung. Denn wir kommen keineswegs mit einem vollkommen ausgereiften Gehirn auf die Welt. Im Gegenteil, Umbauvorgänge sind bis nach der Pubertät im Gange und selbst das „reife" Gehirn ist bei Weitem nicht so starr wie früher angenommen.

Aber dazu später. Zunächst wollen wir uns das, was wir im Oberstübchen finden, einmal näher ansehen.

Das Gehirn ist unser wichtigstes Organ. Kein anderer Teil unseres Körpers ist dermaßen kompliziert und raffiniert aufgebaut; kein anderes Organ benötigt vergleichbar viel Sauerstoff. Unsere kleinen grauen Zellen verbrauchen ein Fünftel des Sauerstoffverbrauchs des Körpers.

Unser Nervensystem besteht aus Nervenzellen, den so genannten Neuronen. Allein in unserem Gehirn finden sich 125 Milliarden Nervenzellen.

Feine Fortsätze der Neuronen leiten Eindrücke von unseren Sinnesorganen zum Gehirn und führen Befehle zu den Muskeln. Diese Verbindungen nennt man Nervenbahnen.

Die Kontaktstelle zwischen zwei Nervenzellen wird als Synapse bezeichnet. Unser Wissensnetz ist aus tausend Milliarden derartiger Synapsen geknüpft.

Das Gehirn steuert sämtliche Abläufe in unserem Körper, auch diejenigen, die uns nicht bewusst sind. Funktionen, die automatisch ausgeführt werden, nennt man vegetative Funktionen: Herzschlag, Atmung, Verdauung …

All diese lebenswichtigen Vorgänge werden in unserem Oberstübchen wie von selbst geregelt, ohne dass wir daran denken müssen.

Die Firma „Gehirn"

All diese Aufgaben erfordern natürlich höchste Organisation. Darum ist das Gehirn keine unförmige graue Masse, sondern strukturiert aufgebaut.

Unser Gehirn lässt sich mit einem großen Unternehmen vergleichen, in dem Chef, Manager, Arbeiter etc. unterschiedliche Funktionen erfüllen.

Die Abteilungen in der Firma Gehirn sind Hirnstamm, Zwischenhirn, limbisches System, Kleinhirn und Großhirn.

Der Hirnstamm

In jedem Betrieb muss sich jemand darum kümmern, dass alles richtig läuft: dass die Heizung funktioniert, dass die Wasserleitungen laufen und genügend Frischluft da ist. Das übernimmt in unserem Gehirn der Hirnstamm. Er ist für die vegetativen, das heißt unbewussten Funktionen unseres Körpers zuständig. Der Hirnstamm kümmert sich also um unseren Herzschlag, die Atmung den Stoffwechsel, den Schlaf-Rhythmus und vieles anderes.

Wenn der Hauswart einer Firma bemerkt, dass das Gebäude brennt, wird er sich nicht zuerst einen Termin beim Chef geben lassen, um das Feuer zu melden, sondern gleich Alarm schlagen. In unserem Körper wird das durch Reflexe erledigt. Greifen wir auf eine heiße Herdplatte, müssen wir nicht zuerst überlegen, was wir jetzt wohl tun. Unsere Hand schnellt „von selbst" zurück.

Der Hirnstamm verbindet unser Gehirn mit dem Rückenmark, dem Reflexzentrum unseres Körpers.

`Tipp für clevere Kids:` **Finde heraus, wie dein Hirnstamm arbeitet.** `Laufe im Stiegenhaus, so schnell du kannst, zwei Stockwerke hinauf und wieder hinunter. Spüre nachher, wie dein Herz wie von selber flotter schlägt. Wahrscheinlich wirst du auch merken, dass du tiefer und schneller atmest.`

`Der Hauswart in deinem Gehirn, der Hirnstamm, hat festgestellt, dass deine Muskeln mehr Sauerstoff verbrauchen. Darum sorgt er dafür, dass du mit tiefen Atemzügen viel Luft in deinen Köper holst. Dein Herz pumpt dann den Sauerstoff mit kräftigen Schlägen durch den ganzen Körper.`

Finde einen Reflex. `Setz dich auf einen Sessel und schlage die Beine übereinander. Ertaste deine Kniescheibe und schlage anschließend mit der Handkante unter die Kniescheibe. Wenn dein Fuß wie von selber nach vorne schnellt, hast du den Reflex gefunden.`

Das Zwischenhirn und das limbische System

Das Zwischenhirn entspricht dem Sekretariat einer Firma. Ständig treffen Anrufe, Briefe, E-Mails, Faxe, aber natürlich auch unnötige Werbung oder fehlgeleitete Zusendungen etc. ein. Die Aufgabe des Sekretariats ist es, diese Flut zu sortieren. Unbrauchbares landet im Mistkübel, Wichtiges wird sofort weitergesendet.

Das Zwischenhirn macht es nicht anders. Nicht alles, was wir hören, sehen, riechen, spüren ... ist gleich wichtig, und das Sekretariat in unserem Gehirn muss sortieren, filtern und an die richtigen Stellen weiterleiten.

Dabei hilft das limbische System, unser Gefühlszentrum. Es verbindet die eingehenden Informationen mit Angst, Freude, Aggression, Interesse, Neugier und anderen Emotionen. Unser Kurzzeitgedächtnis ist eng mit dem limbischen System verknüpft, und je stärker eine Gefühlsregung ist, desto eher werden die dazugehörenden Daten gespeichert. Nehmen wir hingegen etwas ohne besondere Teilnahme auf, hat das limbische System wenig Motivation, es aufzuheben.

Daten, die normalerweise an uns vorbeigehen würden, werden gespeichert, wenn sie mit starken Emotionen verknüpft sind.

Tipp für clevere Kids: **Finde heraus, wie dein Zwischenhirn und dein limbisches System zusammenarbeiten.**
Erinnerst du dich noch, wie du deinen letzten Geburtstag verbracht hast? An wie viele Details kannst du dich erinnern?

Versuch dich jetzt zu erinnern, was du drei Tage vor deinem letzten Geburtstag getan hast. Zähle so viele Details wie möglich auf.

Und? Woran konntest du dich besser erinnern? Informationen, die mit Gefühlen wie zum Beispiel Freude verbunden sind, werden besser gespeichert.

Das Kleinhirn

In einer Fabrik gibt es natürlich zahlreiche Arbeiter, die die Maschinen betätigen und die Arbeitsvorgänge kontrollieren.

Das Kleinhirn ist für unsere Bewegung zuständig. Mit seiner Hilfe lernen wir neue Bewegungsabläufe wie Rad fahren oder schwimmen. Auch die Feinabstimmung von Bewegungen, wie das Einfädeln eines Fadens in eine Nadel, ist Aufgabe des Kleinhirns.

`Tipp für clevere Kids:` **Teste dein Kleinhirn.** Ziehe den Umriss dieses Sterns mit deiner linken Hand nach. Falls du Linkshänder/Linkshändering bist, verwende deine rechte Hand.

Wiederhole diese Übung zehnmal. Merkst du, wie du immer besser wirst und deine linke Hand immer geschickter wird?

Das Großhirn

Das Großhirn schließlich leitet die Firma Gehirn. Es ist Sitz unserer Persönlichkeit und unseres Bewusstseins. Die Aufgaben des Großhirns umfassen Planung und Entscheidungen, aber auch Denken, Intelligenz und Langzeitgedächtnis.

Was in vielen Betrieben an den Beteiligten scheitert, funktioniert in unserem Gehirn ausgezeichnet: Es leitet die Firma in Teamarbeit. Denn unser Großhirn besteht aus zwei spiegelbildlichen Hälften, die eng miteinander verbunden sind und ständig zusammenarbeiten.

Die beiden Großhirnhälften teilen sich die Arbeit untereinander auf. Die linke Hälfte übernimmt das logische, sachliche Denken, während die rechte Hälfte kreative Lösungen liefert und den Überblick behält.

Tipp für clevere Kids:

Finde heraus, wie deine linke Gehirnhälfte arbeitet:

Sprache:
Lies diesen Satz laut vor:
Meine linke Gehirnhälfte verarbeitet Sprache!

Rechnen:
Berechne das Ergebnis:
8 + 2 - 3 + 4 - 7 + 1 = ___

Logik:
Setze folgende Reihe fort:
2   4   6   8   10   12   14 ___

Konzentration aufs Detail:
Welcher Tausendfüßler hat mehr Füße?

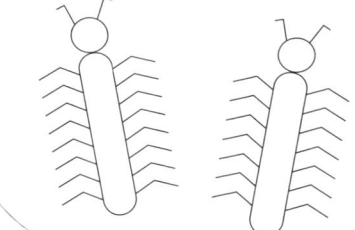

Finde heraus, wie deine rechte Gehirnhälfte arbeitet:

Bildhaftes Denken:
Zeichne ein Tier.

Fantasie: Gib dem Tier, das du gerade gezeichnet hast, einen fantasievollen Namen.

Räumliches Sehen: Betrachte diesen Würfel. Welche Seite ist vorne? Kannst du ihn auch so sehen, dass die andere Seite vorne ist?

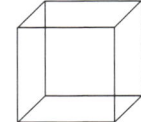

Wenn aber die Chefetagen nicht miteinander kommunizieren, geht im Betrieb etwas schief. Aus diesem Grund sind unseren beiden Gehirnhälften miteinander durch den so genannten Balken verbunden und arbeiten ständig zusammen. In Wirklichkeit gibt es praktisch keine Aufgabe, die eine Gehirnhälfte alleine erledigen würde.

UMBAU IM OBERSTÜBCHEN
Was geht in den Köpfen der Kinder vor?

Under construction! Im Kopf Ihres Kindes tut sich was! Umbauvorgänge sind bis nach der Pubertät im Gange. Das Volumen unseres Gehirns verdoppelt sich bereits im ersten Lebensjahr und wächst im Laufe der Kindheit erneut auf das Doppelte an. Erfahren Sie, was in den Köpfen der Kinder passiert, um auf die speziellen Voraussetzungen der jungen Lernenden einzugehen! Fördern Sie Ihr Kind altersgerecht!

0-5 Jahre: Gehirnentwicklung auf der Überholspur

Sitzen, gehen, sprechen, all das muss gelernt sein. Wir kommen als wahre Lernmeister auf eine Welt, die wir Schritt für Schritt lernend erkunden.

Ein flexibles Gehirn ermöglicht uns diese gewaltigen Lernschritte, denn das Gehirn ist in Aufbruchstimmung und verändert sich innerhalb der ersten beiden Lebensjahre beträchtlich.

Als Säugling haben wir sogar mehr Gehirnzellen, als wir im Erwachsenenalter benötigen. Dank dieser Überproduktion sind wir sozusagen für alles gewappnet. Die Vielzahl ermöglicht uns, uns an jede Umgebung anzupassen, sei es die Eiswelt auf Grönland oder der Großstadtdschungel in Hongkong. Auch die Zahl der synaptischen Verbindungen zwischen den Nervenzellen vervielfältigt sich am Beginn des Lebens, und das Nervennetz wird immer dichter.

Forscher versuchen zu verstehen, wie die intellektuelle Entwicklung unserer Kleinsten abläuft. Einer von ihnen, Piaget, hat die Entwicklung in vier Stufen eingeteilt. Die erste, so genannte sensomotorische Entwicklungsstufe hat er in genau diesen beiden ersten Lebensjahren angesiedelt. Seiner Theorie zufolge lernen Kinder in dieser entscheidenden Zeit die Welt um sich herum durch Fühlen und Ertasten kennen. So „begreifen" Säuglinge nach und nach, wie die Welt gebaut ist und wie sie funktioniert, z. B. was ein Gegenstand ist und wie er sich „normalerweise" verhält und wie sie sich in dieser Welt bewegen können.

Nach dem zweiten Lebensjahr beginnt sich unser Nervennetz zu spezialisieren. Nervenzellen und Verbindungen, die nicht verwendet werden, werden zurückgebildet.[1] Unser Gehirn passt sich an die jeweiligen Anforderungen an und legt fest, welche Verbindungen benötigt werden.

Jetzt geht das Gehirn auch daran, die bestehenden Verbindungen zu perfektionieren, indem es die Nervenzellen mit einer schützenden Isolierschicht umgibt, ein Prozess der Myelinisierung genannt wird und sich noch bis in die Pubertät fortsetzt. Dank dieser Isolierung können Nervenimpulse viel schneller weitergeleitet werden. Erst jetzt sind die Gehirnzellen optimal miteinander in Kontakt. Ein Signal im erwachsenen Gehirn benötigt etwa fünf Millisekunden, um von der rechten Gehirnhälfte in die linke zu gelangen, bei einem vierjährigen Kind benötigt ein entsprechendes Signal vier- bis fünfmal so lang![2]

Bis zum zweiten Lebensjahr wird die rasche geistige Entwicklung unseres Nachwuchses dem Wachstum der Neuronen zugeschrieben. Anschließend jedoch ist es entscheidend, wie das kindliche Gehirn gefördert und gefordert wird. Die Entwicklung des Gehirns ist in erster Linie von dem Wissen abhängig, das die kleinen Kinder laufend spielerisch in sich aufnehmen.[3]

Dazu benötigen die Kinder nicht per se teure Privatkindergärten mit mehrsprachiger Betreuung. Eine vielseitige, abwechslungsreiche und anregende Umgebung reicht durchaus aus, denn die kindliche Neugierde erledigt den Rest. Kleine Kinder nehmen gierig neue Reize auf, die ihnen angeboten werden. Diese Vorliebe für Neues zeigt sich schon bei Säuglingen, sie betrachten neue Eindrücke signifikant länger als etwas, das sie bereits kennen.

Wegen des schnellen Wechsels von Bildern eignet sich ein Fernseher übrigens ausgezeichnet, um die Aufmerksamkeit der Kleinen zu fesseln. Trotzdem ist die Flimmerkiste keine geeignete Lernmaschine, denn sie kann dem heranwachsenden Gehirn die echte Welt nicht erfahrbar machen. Dadurch, dass zum Beispiel Ton und Bild nicht hundertprozentig aufeinander abgestimmt sind (vor allem in synchronisierten Aufnahmen), gehen wichtige Informationen verloren. Kinder, die schon früh viel fernsehen, versäumen zu lernen, selber zu kommunizieren.

Liebe Eltern.
So fördern Sie Ihr Kleinkind. *Am meisten profitiert das Kleinkind von direkter Zuwendung. Vermeiden Sie, wenn möglich, den Fernseher als Babysitter. Auch einfaches Spielzeug regt die Fantasie an und muss weder außergewöhnlich noch zahlreich sein. Überschütten Sie Ihr Kind nicht mit zu vielen neuen Gegenständen, denn dadurch wird es dank seiner kindlichen Neugierde schnell von seinem momentanen Erkundungsprojekt abgelenkt.*

5-6 Jahre: das Vorschulkind

Das Vorschulkind sieht sich selbst als Zentrum seiner Welt. Alles wird an seinen Bedürfnissen und Zwecken gemessen und es geht davon aus, dass die ganze Welt seine Wünsche und Gefühle teilt.

Nach Piaget befinden sich Vorschulkinder noch in der präoperationalen Entwicklungsstufe. Das bedeutet, dass das Kind zwar bereits über die Welt nachdenkt, allerdings intuitiv und ohne System.

In dieser Phase sind Kinder besonders auf Strukturen angewiesen, die von außen kommen müssen. So kann ein Vorschulkind noch nicht selbstständig planen, wie es seinen Tag gestalten will oder gezielt an ein größeres Problem herangehen.

Auch wenn Vorschulkinder Lernstrategien kennen, verwenden sie diese nicht immer. Sie können zum Beispiel verstehen, dass sie etwas durch Wiederholung lernen können, würden diese Taktik dann aber nicht von selber bei einer neuen Lernaufgabe anwenden.

Liebe Eltern,

So fördern Sie Ihr Vorschulkind. *Helfen Sie Ihrem Kind, System in sein Leben zu bringen. Rituale sind hierbei genauso hilfreich und wichtig wie ein regelmäßiger Tagesablauf, an den sich das Vorschulkind gewöhnen kann.*

Unterstützen Sie Ihr Kind, indem Sie ihm Strategien anbieten. Ihr Kind ist bereits in der Lage, Lernstrategien anzuwenden, wenn diese vorgezeigt werden. Es braucht Ihre konkreten Anleitungen.

6-10 Jahre: das Volksschulkind

Mit dem Einstieg in die Volksschule wird das heranwachsende Kind selbstständiger. Es ist noch immer sehr abhängig von seinen Bezugspersonen, lernt aber immer mehr, selbstständig zu arbeiten.

Ab jetzt kann es auch beginnen, selbstgesteuert zu lernen. Einfache Wiederholungsstrategien werden nun gezielt verwendet.

Das Grundschulkind ist in der Lage, Kategorien zu bilden und Informationen sinnvoll zu sortieren. Dadurch strukturiert es aktiv sein wachsendes Wissensnetz und bringt Ordnung in den Lernstoff.

Besonders gut ist das Schulkind im Visualisieren. Wie Sie noch in späteren Kapiteln erfahren werden, ist die bildliche Vorstellung eine ausgezeichnete Merkstrategie. Diese Kreativität geht häufig im Laufe des Lebens wieder verloren.

Liebe Eltern.
So fördern Sie Ihr Volksschulkind. *Ihr Kind braucht immer noch Ihre organisatorische Unterstützung. Nützen Sie die Tipps in diesem Buch, um Ihrem Kind nach und nach Selbstorganisation beizubringen, und überlassen Sie ihm immer mehr Verantwortung.*

Erarbeiten Sie gemeinsam verschiedene Lern- und Merkstrategien. Fordern Sie Ihr Kind Schritt für Schritt dazu auf, sich selber zu beobachten und zu entscheiden, welche Taktiken besonders hilfreich sind.

Trainieren Sie speziell die eigene Vorstellungskraft des Kindes. So fördern Sie spielerisch nicht nur Ihre eigene Imaginationskraft, sondern erhalten auch die Fantasie Ihrer Kinder. Im Kapitel über Merkstrategien finden Sie geeignete Übungen.

Laut Piaget findet etwa im 7. Lebensjahr der Übergang vom präoperationalen zum konkretoperationalen Entwicklungsstadium statt. Ein entscheidender Faktor ist dabei der Begriff der „Erhaltung". Wenn auf dem Tisch fünf Spielzeugautos liegen und sie in die Schachtel geräumt werden, sind es immer noch fünf Spielzeugautos. Jüngeren Kindern fällt es manchmal schwer, dieses Prinzip der Erhaltung anzuwenden. Besonders schwierig ist das, wenn die Gegenstände oder deren Anordnung ihr Aussehen verändern.

Liebe Eltern.
Finden Sie heraus, ob Ihre Kinder das Prinzip der Erhaltung verstanden haben.[4]

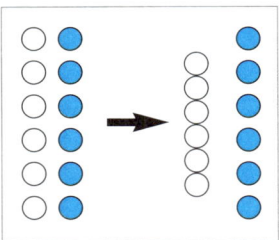

(1) Sie benötigen Spielfiguren in zwei verschiedenen Farben. Legen Sie diese in zwei Reihen auf, sodass in beiden Reihen gleich viele Spielfiguren stehen. Fragen Sie Ihr Kind, ob in beiden Reihen gleich viele Objekte liegen. Es wird wahrscheinlich mit „Ja" antworten. Lassen Sie das Kind nachzählen und seine Antwort bestätigen.

Schieben Sie anschließend eine Reihe Spielfiguren so zusammen, dass die Figuren näher zusammenstehen und die Reihe dadurch kürzer wird. Ihr Kind darf dabei zuschauen. Fragen Sie nun, in welcher Reihe mehr Spielfiguren stehen. Lassen Sie das Kind wieder nachzählen.

Ein Kind, das das Prinzip der Erhaltung noch nicht verstanden hat, wird antworten, dass in der kürzeren Reihe weniger Spielfiguren stehen.

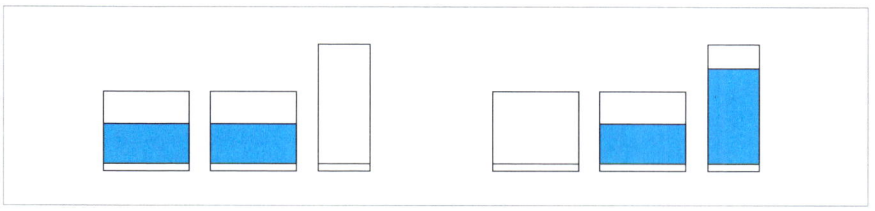 

(2) Für die zweite Übung brauchen Sie zwei gleich große Gläser mit Wasser und ein schmäleres Glas. Füllen Sie die beiden gleich großen Gläser mit der gleichen Menge Wasser. Fragen Sie Ihr Kind, ob in beiden Gläsern gleich viel Wasser ist. Anschließend schütten Sie das Wasser aus einem der Gläser in das schmale hohe Glas. Ihr Kind darf hierbei zusehen. Fragen Sie erneut, ob die Wassermenge in beiden Gläsern übereinstimmt.

Nur ein Kind, das das Prinzip der Erhaltung verstanden hat, wird bejahend antworten.

Möglicherweise erlebt Ihr Kind bei dieser Übung auch einen „Aha-Effekt" und versteht auf einmal, dass etwas, das größer aussieht, nicht mehr Inhalt haben muss. Sie können die Übungen auch wiederholen und ihm so das Prinzip der Erhaltung verständlich machen.

Ab 10 Jahren: Bereit für die große weite Welt!

Ungefähr im 12. Lebensjahr treten wir in die letzte Entwicklungsstufe nach Piaget ein, die formaloperationale Stufe. Bis jetzt war unser Denken auf konkrete Erfahrungen beschränkt, geglaubt wird nur, was man auch sieht. Nach dem letzten Entwicklungsschritt sind wir auch zum abstrakten Denken fähig, das heißt, wir können nicht nur über konkrete Dinge, sondern auch über Gedanken nachdenken und Schlussfolgerungen ziehen.

Je älter wir werden, desto schneller und nachhaltiger können wir lernen. Das hat viele verschiedene Gründe. Durch die immer noch anhaltende Myelinisierung werden unsere Nervenbahnen weiter isoliert und die Informationsverarbeitungsgeschwindigkeit nimmt weiter zu. Gleichzeitig steigt auch die Kapazität des Arbeitsgedächtnisses und wir können immer komplexere Aufgaben bewältigen.

Nach der Volksschule haben wir uns auch bereits eine beträchtliche Menge an relevantem Wissen abgespeichert. Alles, was wir gelernt haben, hilft uns dabei, noch mehr Informationen aufzunehmen und mit Altbekanntem zu verknüpfen. So bauen wir nach und nach Wissen und Expertentum auf.

Unsere Erfahrungen haben uns auch zu persönlichen Strategien verholfen. Als Metagedächtnis bezeichnet man die Fähigkeit, über seine eigenen Gedächtnisleistungen zu reflektieren. So können wir ungefähr abschätzen, wie viele neue Informationen wir in einer bestimmten Zeit aufnehmen können und welche Taktiken dabei helfen können. Zum Beispiel findet man früher oder später selber heraus, ob Musik beim Lernen stört oder hilft.

Liebe Eltern.

So fördern Sie Ihr Kind nach der Volksschule. *Sorgen Sie dafür, dass Ihr Nachwuchs die Freude am Lernen nicht verliert. Fördern Sie darum persönliche Interessen, das steigert das Expertenwissen in den entsprechenden Gebieten. Nicht nur in der Schule lernen Kinder. Während des Urlaubs kann eine Fremdsprache geübt werden, Filme in Originalsprache haben einen ähnlichen Effekt. Diskutieren Sie physikalische Gesetze anhand von Actionfilmen. Integrieren Sie Lernen in den Alltag. Sie finden Tipps für die Umsetzung im letzten Kapitel.*

Unterschätzen Sie nicht die Fähigkeiten Ihres Kindes. *Sein Gehirn ist jetzt praktisch vollständig ausgereift – bald ist das Kind kein Kind mehr. Darum ist es wichtig, dass der junge Mensch langsam aber sicher Verantwortung für seinen/ihren eigenen Lernerfolg übernimmt. Hausaufgabenaufsicht ist jetzt nicht mehr angesagt. Ihre Tochter/Ihr Sohn ist jetzt durchaus in der Lage, selbstständig vielfältige Lernstrategien einzusetzen. Ermuntern Sie sie/ihn dazu, sich neue Taktiken anzueignen.*

Seien Sie ein gutes Vorbild! *Ein Haushalt, in dem nie gelesen wird, wird ein Kind nicht dazu anregen, selber zu einem Buch zu greifen. Entdecken auch Sie eigene Interessen neu und bilden Sie sich fort, indem Sie einmal ein Fachbuch lesen oder sogar einen Kurs besuchen. Nützen Sie auch die Möglichkeit, interessante Diskussionen mit Ihrem Nachwuchs zu führen.*

Die Pubertät naht und zunehmend werden persönliche Themen wichtig. Gibt es Schwierigkeiten in der Klassengemeinschaft oder im Privatleben, die vorrangig sind? Auch wenn Sie nicht direkt helfen können, ist es jetzt besonders wichtig, dass Sie für Ihr Kind da sind, ganz unabhängig vom Lernerfolg.

Notizen:

In diesem Kapitel erfahren Sie, wie Sie die optimalen Lernvoraussetzungen schaffen können. Motivation, körperliches Wohlbefinden und Konzentration sorgen nicht nur für mehr Lernerfolg, sondern auch für Zufriedenheit.

Sie erfahren, wie Sie Ihr Kind langsam darauf vorbereiten können, zielgerichtet zu arbeiten. Mit spielerischen Übungen wird die Fähigkeit, Ziele zu setzen und auch zu verfolgen, trainiert.

Wie viele Stunden Schlaf braucht ein Kind? Welche Nahrungsmittel sind besonders gut für das Gehirn? Wie viel sollte ein Schulkind täglich trinken? Finden Sie die Antworten auf diesen Fragen in diesem Kapitel.

Den Abschluss bildet eine Auswahl bewährter Entspannungs- und Aktivierungstechniken zur Einstimmung vor dem Lernen.

MOTIVATIONS- UND KONZENTRATIONSTRICKS

28 KINDLICHE NEUGIERDE WECKEN!
So motivieren Sie Ihr Kind

- 28 Konditionierung: Wie Sie Kinder belohnen und zurechtweisen
- 31 Selbstwertgefühl: Wer sich gut fühlt, lernt besser
- 32 Blick in die Kristallkugel: Die ersten Ziele setzen
- 33 Ich bin Superman/Superwoman und ich kann alles!
- 34 Lieblingsfach: Interessen wecken

35 ICH FÜHLE MICH RUNDHERUM WOHL!
So schaffen Sie optimale Lernvoraussetzungen

- 35 Lernen im Schlaf
- 36 Weisheit mit dem Löffel essen
- 38 Keine trockene Angelegenheit

40 DIE RICHTIGE LERNERGIE
Aktivierungs- und Entspannungsübungen

- 40 Muntermacher: Spiele zur Aktivierung und Konzentration
- 42 Raststation: Spiele zur Entspannung und Aufmerksamkeit
- 43 Blitzableiter: Übungen zur Beruhigung

QUIZ FÜR CLEVERE KIDS:
Bist du ein Motivations- und Konzentrationsmeister?   Seite 45

Kapitel 2: Motivations- und Konzentrationstricks

KINDLICHE NEUGIERDE WECKEN!
So motivieren Sie Ihr Kind

Der Fernseher lockt und das neue Level im Computerspiel will erobert werden … wer hat da Lust auf Hausaufgaben? Hier ein paar Tricks, wie Sie Ihren Sprössling trotzdem und gerade deswegen doch motivieren können.

Konditionierung: Wie Sie Kinder belohnen und zurechtweisen

Kein Fachbuch über Lernen und Gedächtnis kommt ohne den Hund aus, der gelernt hat, dass das Läuten einer Glocke immer Futter vorhersagt, und deswegen bereits auf das bekannte Klingeln mit Speichelproduktion reagierte. Die Rede ist von Pawlows Konditionierungsexperimenten. Skinner führte diese Versuche noch weiter und brachte mit gezielten Belohnungen Tauben komplizierte Bewegungen bei. Die Tauben lernten, dass eine bestimmte Bewegung eine Belohnung vorhersagt, und wiederholten darum die entsprechende Bewegungssequenz. Auf diese Art und Weise lehrte Skinner seine Tauben komplizierte Tänze.

Genauso kann in Tierexperimenten vermeidendes Verhalten gelehrt werden. In diesem Fall sorgen gezielte Bestrafungen dafür, dass unerwünschte Bewegungen nicht durchgeführt werden.

„Mein Verhalten hat Konsequenzen"

Bestrafung ist nicht einfach das Gegenteil von Belohnung. Während Belohnung dazu führt, dass ein bestimmtes Verhalten wiederholt wird, führt Bestrafung lediglich dazu, dass ein bestimmtes Verhalten vermieden wird. Leider hat das nicht immer den erwünschten Effekt. So lernen Kinder sehr schnell zu vermeiden, erwischt zu werden, oder versuchen z. B. konsequent jede Form des Lesens zu umgehen.

Trotzdem muss Ihr Kind lernen, dass sein Verhalten Konsequenzen hat: Unerwünschte Verhaltensweisen müssen eindeutig aufgezeigt werden.

Achten Sie auf folgende Kriterien:[5]
Konditionierung funktioniert nur, wenn die Zurechtweisung unmittelbar auf das Verhalten folgt. Darum müssen Sie den Übeltäter sofort ermahnen. Ein Kind heute zu strafen, weil es letzte Woche zu viel Computer gespielt hat, ist unwirksam. Um wirksam zu sein, muss die Konsequenz unangenehm sein, darf allerdings nie körperliche Schmerzen verursachen

und muss von der Intensität her dem Fehlverhalten angepasst sein. Oft sind ein strenges Wort oder eine scharfe Zurückweisung genug. Das Kind muss verstehen, dass sein Verhalten veränderbar ist und nicht seine Persönlichkeit betrifft. Vermeiden Sie darum Pauschalisierungen wie „Wie oft habe ich dir schon gesagt …". Sorgen Sie dafür, dass das Kind die natürliche Konsequenz seines Verhaltens erkennt und bieten Sie für die Zukunft mögliche Lösungen an. Das kann ein Vorschlag einer Wiedergutmachung sein, aber auch ein konkreter Vorschlag für ein alternatives, erwünschtes Verhalten.

Setzen Sie Bestrafung nur in besonders wichtigen Fällen ein, etwa wenn sich das Kind durch sein Verhalten selber in Gefahr bringt.

Belohnung

Wenn Sie Belohnungen ankündigen, um Ihr Kind zu motivieren, müssen Sie diese Versprechen auch einhalten. Belohnungen sollten allerdings die Ausnahme sein, nicht die Regel. Ansonsten hat die Belohnung früher oder später keine Wirkung mehr.

Auch die Belohnung muss im direkten Zusammenhang mit dem gewünschten Verhalten, z. B. dem Schreiben der Hausaufgaben, stehen. Am besten eignen sich also Belohnungen, die sofort einlösbar sind. So hat Ihr Kind auch etwas, worauf es hinarbeiten kann.

Lob und Anerkennung sind oft Belohnung genug. Lesen Sie dazu den nächsten Abschnitt.

Tipp für clevere Kids: Konrad hat zum Geburtstag ein neues Spiel bekommen und freut sich schon wahnsinnig darauf, es wieder mit Monika zu spielen. Aber er weiß, dass sie in zwei Tagen eine Schularbeit schreibt. Darum schlägt er ihr einen Deal vor: „Wir lernen jetzt beide noch bis 16 Uhr. Ich mache meine Mathe-Hausübungen und du lernst für die Deutsch-Schularbeit. Und dann spielen wir das neue Spiel!" Damit hat er sich selber und seine Schwester motiviert, denn Belohnungen sind ein toller Motivations-Trick.

Wie kannst du dich belohnen? Nenne fünf Dinge, auf die du dich während des Lernens freuen könntest.

1.

2.

3.

4.

5.

Selbstwertgefühl: Wer sich gut fühlt, lernt besser

Lernfrust entsteht häufig durch das Gefühl, etwas nicht zu können. Erinnern Sie sich an Ihre eigene Schulzeit. Fächer, in denen Sie gut waren, waren wahrscheinlich auch Ihre Lieblingsfächer. Dadurch wurden Sie natürlich noch besser, ein positiver Teufelskreis, der sich fortsetzt.

Ein nettes Wort ...

Ein Kind, das ständig hört, wie langsam es doch ist, wird das nicht nur glauben, es wird auch immer weniger Freude an der Arbeit empfinden.

Sagen Sie Ihrem Kind, was es gut kann, und zeigen Sie Anerkennung, wenn es etwas geleistet hat. Machen Sie dieses Lob nicht nur von den Noten abhängig. Sobald Ihre Tochter/Ihr Sohn sich bemüht, verdient das entsprechende Aufmerksamkeit.

Tipp für clevere Kids: **Sammle die positiven Kommentare von deinen Eltern, aber auch deinen Lehrern,** vor allem die, die dich besonders gefreut haben und dich so richtig stolz auf dich selber gemacht haben. Schreibe sie auf kleine selbstklebende Zettel und verteile sie auf deinem Arbeitsplatz. So erinnern sie dich, auch wenn es mal nicht so gut geht, daran, dass du richtig gut lernen kannst.[6]

Lernerfolge, nicht nur in der Schule.

Leider werden in der Schule nur ganz bestimmte Lernleistungen gemessen. Howard Gardner unterscheidet sieben verschiedene Intelligenzen[7], worunter neben sprachlicher und mathematischer Intelligenz auch die musikalische, sportliche und räumliche Intelligenz angeführt werden. Weiters nennt er die intrapersonale Intelligenz und die interpersonale Intelligenz. Diese beiden Intelligenzarten beschreiben, wie gut wir uns selber und andere kennen. Wenn Sie all diese Bereiche berücksichtigen, sehen Sie, wie Ihr Kind von Jahr zu Jahr mehr Wissen und Können erwirbt. Die Veränderungen, die seit der Geburt eingetreten sind und noch immer stattfinden, sind gewaltig. Bedenken Sie das, bevor Sie Ihrem Kind erneut vermitteln, es lerne zu langsam!

Tipp für clevere Kids: **Sieh dir mit deinen Eltern Fotoalben von früher an.** Wie hast du dich verändert? Was hast du in all den Jahren gelernt?

Blick in die Kristallkugel: Die ersten Ziele setzen

Kinder leben im Hier und Jetzt. Da ist es schwierig, sich auf eine Schularbeit vorzubereiten, die erst nächste Woche stattfindet. Doch auch Kinder brauchen Ziele, und das erfolgreiche Setzen von Zielen lässt sich üben.

Ihr Kind sollte für diese Übung in einer ruhigen Stimmung sein. Helfen Sie eventuell mit einer Entspannungstechnik, die Sie später noch in diesem Buch kennen lernen werden, nach. Setzen Sie sich gemeinsam an einen Tisch. In der Mitte zwischen Ihnen liegt eine imaginäre Kristallkugel. Ihr Kind spielt die Wahrsagerin bzw. den Wahrsager und beginnt die Sitzung, indem es mit seinen Händen die Oberfläche der imaginären Kugel reibt.

Ihr Kind kann sich jetzt selber in der Zukunft sehen. Fordern Sie es dazu auf, das Bild zu beschreiben. Lenken Sie die Erzählung in die gewünschte Richtung und fragen Sie zum Beispiel nach der Schularbeit „Was kannst du besonders gut?", „Wie fühlst du dich jetzt, nachdem der Test vorbei ist?"

Tipp für clevere Kids: Zeichne die Kristallkugel, so wie du sie dir vorstellst. Such dir eine Szene aus der Zukunft, die dir besonders gut gefallen hat, und zeichne sie in deine Kristallkugel. Hänge dir das Bild an deinen Schreibtisch, während du für die entsprechende Schularbeit lernst.

Ich bin Superman/Superwoman und ich kann alles!

Es gibt die so genannte Metapher der **„selffulfilling prophecy"**. Laut dieser passiert alles genau so, wie wir es uns vorstellen.

Beispiel 1: Peter denkt vor der Prüfung ständig daran, was passiert, wenn er sie nicht besteht. Er hat panische Angst vor einem Blackout und befürchtet, dass der Prüfer genau die Fragen stellt, die ihm nicht so liegen ...

Beispiel 2: Ein Spitzensportler stellt sich vor dem Wettkampf vor, wie er später auf dem Siegerpodest stehen wird. Alle werden ihm zujubeln, weil er einen neuen Weltrekord aufgestellt hat ...

Wer wird mehr Erfolg haben? Der ängstliche Schüler oder der siegessichere Sportler?

Spielen Sie mit Ihrem Kind das Spiel „Ich bin Superman/Superwoman und ich kann alles!" Stellen Sie sich gemeinsam vor, wie Superman/Superwoman die nächste Prüfung meistert. Wie macht er/sie das? Visualisieren Sie, wie Superwoman aufrecht und selbstsicher vor dem Lehrer steht und mit ruhiger Stimme die richtigen Antworten gibt. Stellen Sie sich vor, wie sich Superman problemlos ganz lange konzentrieren kann und die Angaben bei der Schularbeit in Ruhe durchliest.

Tipp für clevere Kids: Schreib dir „Ich bin Superman/Superwoman und ich kann alles!" auf einen kleinen Zettel und verstecke ihn zwischen deinen Stiften. Das erinnert dich daran, wie gut du vorbereitet bist und dass du alles gut kannst.

Lieblingsfach: Interessen wecken

Wo liegen die besonderen Begabungen Ihres Kindes? Was macht ihm besonderen Spaß? Wer seine Stärken stärkt, schwächt seine Schwächen. Konzentrieren Sie sich nicht nur darauf, was Ihr Nachwuchs nicht kann, freuen Sie sich stattdessen über seine Talente.

Tipp für clevere Kids: **Erkläre jede Woche ein anderes Fach zu deinem „Lieblingsfach der Woche"!** Schreib besonders schön und übersichtlich mit, sei im Unterricht besonders aufmerksam und melde dich oft zu Wort. Konzentriere dich nicht nur in der Schule auf das Fach, sondern beschäftige dich auch nach der Schule damit.

Vielleicht findest du zusätzliche interessante Informationen oder kannst jemandem erklären, was du alles über das Thema weißt.

Kannst du in deiner Freizeit etwas unternehmen, das Spaß macht und mit deinem Lieblingsfach zu tun hat?

Du könntest Blätter oder Blumen für den Biologieunterricht sammeln, Wortspiele mit deinen Freunden spielen oder Rechenaufgaben im Rätselheft lösen.

Notizen:

ICH FÜHLE MICH RUNDHERUM WOHL!
So schaffen Sie optimale Lernvoraussetzungen.

Lernen im Schlaf

Kinder brauchen mehr Schlaf als Erwachsene. Ein Schweizer Forschungsteam hat das Schlafverhalten von insgesamt 500 Kindern von der Geburt bis zur Pubertät beobachtet.[8] Aus diesen Daten können wir entnehmen, dass ein Volksschulkind durchschnittlich zehn bis elf Stunden pro Nacht schläft. Bis zum Alter von 16 Jahren nimmt die Schlafdauer kontinuierlich ab, bis sie schließlich die acht Stunden erreicht, die wir auch als Erwachsene noch benötigen.

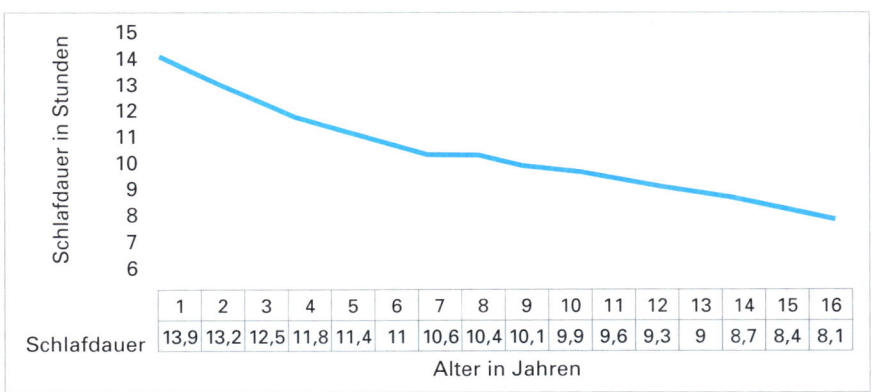

Da es schwierig ist, die genaue Schlafdauer zu messen, hat die Schweizer Forschergruppe die Zeit gemessen, die ein Kind ruhig liegend im Bett verbracht hat. Wenn Ihr Volksschulkind also um sieben Uhr aufstehen muss, um rechtzeitig zur Schule zu kommen, sollten Sie um 20 Uhr das Licht im Kinderzimmer abdrehen.

Natürlich sind Kinder verschieden, ein Kind kann mehr oder weniger Schlaf benötigen als das andere. Verwenden Sie oben stehende Tabelle nur als Richtwert.

Denken Sie daran, dass jüngere Kinder Rituale brauchen, um Regelmäßigkeiten in ihr Leben zu bringen. Dazu gehören nicht nur regelmäßige Zu-Bett-Geh- und Aufstehzeiten, sondern auch Einschlafrituale wie Vorlesen oder ein Gute-Nacht-Kuss.

Wissenschaftler haben auch festgestellt, dass einige Eltern häufig von zu langen Schlafzeiten ausgehen und Ihre Kinder zu früh ins Bett schicken. Die Folge sind Verweigerung und Einschlafschwierigkeiten. Wollen Sie die Nachtruhe Ihrer Kleinen sichern, sorgen Sie dafür, dass sie abends müde sind. Ziemlich sicher kann auf das Mittagsschläfchen bereits verzichtet werden. In der Schweizer Untersuchungsgruppe war das tägliche Schläfchen ab dem vierten Lebensjahr nicht mehr nötig.

Liebe Eltern,
Tipps für eine gute Nacht: [9]
- *Ihr Kind sollte vor dem Schlafengehen einer ruhigen Beschäftigung nachgehen.*
- *Keine koffeinhaltigen Getränke wie Schwarztee oder Coca-Cola für Kinder!*
- *Lassen Sie zwischen Abendessen und Licht abdrehen genügend Zeit vergehen.*
- *Sorgen Sie für ein angenehmes Schlafambiente und vermeiden Sie störenden Lärm oder extreme Temperaturen im Schlafzimmer.*

Weisheit mit dem Löffel essen

Mit der richtigen Ernährung ist unser Gehirn zu Höchstleistungen fähig. Ihr Kind muss erst lernen, was es bedeutet, sich „gesund" zu ernähren. Bieten Sie ihm darum verschiedene gesundheitlich wertvolle Leckereien an, aus denen es selber auswählen kann.

Die Süßigkeitenindustrie ist darauf spezialisiert, Zucker und Schokolade bunt und verlockend aussehen zu lassen, und diese Masche funktioniert. Wenden Sie die gleichen Tricks an, damit Ihr Sprössling anbeißt!

Liebe Eltern.
Brainfood-Tricks:
- ***Karottenknabberei:*** *Schälen Sie möglichst dünne Karotten oder schneiden Sie geschälte dicke Karotten in dünnere längliche Streifen. Zwischen den Mahlzeiten sinkt der Blutzuckerspiegel und erzeugt Müdigkeit. Darum dürfen die süßen Karotten zwischendurch geknabbert werden. Das Vitamin A ist außerdem gut für die Sehkraft. Auch roter Paprika ist wegen des süßen Geschmacks sehr beliebt.*
- ***Studentenfutter:*** *Nüsse und Trockenfrüchte werden nicht umsonst Studentenfutter genannt. Das spezielle Fett der Nüsse ist wichtig für die nach wie vor wachsende Isolierschicht der Nervenverbindungen. Zusätzlich enthalten Nüsse das Nerven-Vitamin B und sind damit gut für*

Konzentration und Lernfähigkeit. Eine Hand voll Nüsse, eventuell gemischt mit Rosinen reicht aus, um das Gehirn auf Trab zu bringen.
- **Vitamin B, das Nervenvitamin,** findet sich auch in Vollkornprodukten.
- **Leckere Milchshakes:** Ihr Kind weigert sich, Obst zu essen? Dann passieren Sie Bananen, Beeren oder andere Früchte und verquirlen diese mit Milch. Auch ohne Zuckerzusatz sind diese Milchshakes lecker! Vermeiden Sie auch Fertig-Smoothies, denn diese sind sehr kalorienreich. – Bereiten Sie Nachspeisen und Snacks möglichst selbst zu, da die Nahrungsmittelindustrie unglaublich viel Zucker verwendet. Das gilt auch für Produkte, die als besonders „kindgerecht" angepriesen werden.
- **Versteckte Vitamine:** Wahren Gemüsemuffeln kann man Vitamine notfalls feinpüriert in Soßen verstecken.
- **Witzige Verzierung:** Garnieren Sie Brote, Nachspeisen und Frühstück mit witzig geschnittenen Obst- und Gemüsestücken. Aber Achtung: In der Cornflakes-Schüssel darf Obst nicht fehlen. Auch in Frühstückszerealien ist viel Zucker versteckt. Wählen Sie möglichst zuckerarme Mischungen.
- **Obst, Obst, Obst:** Sorgen Sie dafür, dass ständig Obst im Haus ist. Finden Sie heraus, welche Obstsorten besonders gut ankommen. Greifen Sie auch selbst immer wieder zu diesem gesunden Snack! Schneiden Sie zwischendurch einen Apfel oder eine andere Frucht auf und stellen Sie sie in Reichweite der Kinder. Die Vitamine liegen direkt unter der Schale, schälen Sie darum Äpfel nicht!
- **Vermeiden Sie Traubenzucker und Limonaden!** Durch sie steigt der Blutzuckerspiegel schnell an, und das führt zu Unruhe und „Zappeligkeit". Als Reaktion auf den Zucker produziert der Körper Insulin und der Blutzucker sinkt genauso schnell, wie er angestiegen ist, wieder ab. Das Kind wird müde und bekommt Heißhunger (auf noch mehr Süßigkeiten).
- **Entwöhnen Sie Ihr Kind von zu hohem Zuckerkonsum,** indem Sie Speisen stufenweise weniger zuckern und Fruchtsäfte immer mehr mit Wasser verdünnen.
- **Geschmacksverstärker wie Glutamat stehen in Verdacht, die Allergieanfälligkeit zu erhöhen.** Mögliche negative Auswirkungen auf das Gehirn können nicht ausgeschlossen werden. So stehen Sie im Verdacht, die „Zappeligkeit" der Kinder zu verstärken und die Konzentrationsfähigkeit zu vermindern. Aus diesem Grund bieten viele Hersteller bereits Glutamat-freie Produkte an. Chinesisches Essen ist besonders reich an Glutamat.

Keine trockene Angelegenheit

Im spannenden Spiel, aber auch während der konzentrierten Arbeit vergessen Kinder gerne darauf, genügend zu trinken. Doch gerade das ist ausgesprochen wichtig, um die kleinen grauen Zellen in Schwung zu halten. Austrocknung führt zu Müdigkeit, Konzentrationsschwierigkeiten und Kopfschmerzen. Kinder benötigen in Relation zu ihrem Körpergewicht sogar mehr Flüssigkeit als Erwachsene.

Viele Lebensmittel, vor allem Obst und Gemüse, enthalten Wasser. Ein Teil des Flüssigkeitsbedarfs des Körpers wird darum durch die Nahrung gedeckt. Der Großteil muss allerdings in Form von Getränken zugeführt werden. In unten stehender Tabelle finden Sie den von der Deutschen, Österreichischen und Schweizer Gesellschaft für Ernährung angegebenen täglichen Flüssigkeitsbedarf sowie die empfohlene Trinkmenge.[10]

Alter	Flüssigkeitsbedarf	Empfohlene Trinkmenge
4–7 Jahre	1,6 l	0,9 l
7–10 Jahre	1,8 l	1 l
10–13 Jahre	2,2 l	1,2 l
13–15 Jahre	2,5 l	1,3 l
15–19 Jahre	2,8 l	1,5 l

Der Flüssigkeitsbedarf ist von vielen Faktoren, z. B. Außentemperatur und Energieumsatz, abhängig. An der Farbe des Urins können Sie ungefähr abschätzen, ob Ihr Kind genug trinkt oder nicht. Wenig, dunkel gefärbter Urin lässt vermuten, dass Ihr Kind mehr trinken sollte.

Liebe Eltern,

Brain-Drink-Tipps:

- *Kaufen Sie Ihrem Kind eine eigene Trinkflasche mit ansprechender Farbe oder Muster. Füllen Sie diese für den Schultag mit Wasser, Mineralwasser oder verdünnten Säften. Beobachten Sie, ob die Flasche auch im Laufe des Vormittages geleert wird, und erinnern Sie das Kind daran, in den Pausen zu trinken.*
- *Verwenden Sie große Gläser. Mit der Zeit werden Sie schon leergetrunken.*
- *Achten Sie darauf, dass der Tee (möglichst ungezuckert) beim Frühstück bereits ausgekühlt ist, und schenken Sie nach, sobald das Glas leer ist.*
- *Ein Glas leckerer Obstsaft (verdünnt) ist eine optimale Pausenstärkung zwischen den Hausaufgaben! Saft liefert Vitamine und Mineralstoffe, ist darum besser geeignet als Eistee oder Softdrinks. Verdünnen Sie Saft mit 2/3 Wasser.*
- *Entwickeln Sie regelmäßige Trinkrituale und sorgen Sie dafür, dass Ihr Kind zum Beispiel beim Nachhausekommen von der Schule etwas trinkt.*

Notizen:

DIE RICHTIGE LERNERGIE
Aktivierungs- und Entspannungsübungen

Wenn Ihr Kind übermüdet und erschöpft von der Schule nach Hause kommt, hat es nicht sofort Energie für die Hausübungen. Andererseits ist es auch möglich, dass Ihr Sprössling gerade zu überdreht und aufgekratzt ist, um ruhig am Schreibtisch sitzen zu bleiben.

Hier finden Sie für viele Situationen die geeignete Übung, um Ihr Kind in Lernstimmung zu bringen. Bauen Sie die Spiele als Ritual in den Lernnachmittag ein und beginnen Sie die Arbeit mit einer geeigneten Übung.

Muntermacher: Spiele zur Aktivierung und Konzentration

Luftschnappen

Frischluftschnappen eignet sich hervorragend als Beginnritual vor den Hausübungen. Öffnen Sie das Fenster und atmen Sie gemeinsam mit dem Kind tief ein und wieder aus. Sie können gleichzeitig mit den Atemzügen die Hände seitlich zum Körper anheben und so die Übung noch verstärken. Beenden Sie die Übung, indem Sie gemeinsam laut in die Hände klatschen.

Tipp für clevere Kids: **Leg die Hand auf deinen Bauch, während du tief durch die Nase einatmest.** Spürst du, wie der Bauch sich hebt? Atme durch den Mund kräftig wieder aus.

Trommelwirbel

Trommeln Sie einen leichten Rhythmus mit der Handfläche oder den Fingerspitzen vor, Ihr Kind soll ihn zunächst nachtrommeln, anschließend trommeln Sie den gleichen Rhythmus gemeinsam. Steigern Sie die Übung mit immer komplexeren Rhythmen.

Verwandlung in ein Tier

Ihr Kind rollt sich am Teppichboden wie ein Stein ein. Sie nennen den Namen eines Tieres, in das sich Ihr Kind langsam verwandelt. Es soll sich kurze Zeit wie das Tier durch den Raum bewegen. Geben Sie die Bewegungen vor, falls das Kind nicht weiter weiß.

Beispiel: „Du bist eine wendige Katze und erkundest das Wohnzimmer. Besonders gern schmiegst du dich an das Sofa an und wetzt deine Krallen. Nur wenn du einen Kater siehst, machst du einen Katzenbuckel und fauchst …"

Fantasiereise mit Bewegung[11]

Denken Sie sich eine kurze Geschichte aus. Ihr Kind soll die Erzählung mit den entsprechenden Bewegungen nachspielen. Schalten Sie eine passende Hintergrundsmusik dazu ein.

Beispiel: „Stell dir vor, du bist auf einer Expedition durch den Urwald. Du setzt dich in dein Kanu und nimmst das Paddel. Langsam ruderst du durch den breiten Fluss. Du landest mit dem Kanu an einem flachen Steinufer und steigst vorsichtig aus dem Boot. Der Weg ist dicht verwachsen mit Ästen. Zum Glück hast du dein Buschmesser dabei. Du ziehst das Messer aus der Scheide und kämpfst dich durch das Dickicht. Auf einmal hörst du ein Geräusch. Du hältst inne, um zu lauschen …"

Pantomimisch Ball spielen

Zeigen Sie Ihrem Kind den neuen, imaginären Ball, den sie mitgebracht haben, und werfen Sie ihm den Ball zu. Spielen Sie den Ball eine Zeit lang hin und her. Werfen Sie abwechselnd hoch oder tief, einmal fester einmal schwächer.

Marionette

Ihr Kind ist die Marionette und setzt sich wie leblos auf einen Stuhl. Sie sind der Marionettenspieler und ziehen an imaginären Fäden an Kopf, Armen und Beinen. Berühren Sie dazu die entsprechenden Stellen leicht mit den Fingern. Ihr Kind führt die vorgegebene Bewegung aus. Anschließend können die Rollen getauscht werden.

Raststation: Spiele zur Entspannung und Aufmerksamkeit

„Er hat einfach kein Sitzfleisch …" Ist Ihr Kind auch häufig unruhig und hat Schwierigkeiten, ruhig zu sitzen? Vielleicht kann es sich besser konzentrieren, wenn es statt auf einem herkömmlichen Stuhl einmal auf einem Sitzball sitzen darf. Auch Kaugummikauen kann entspannend sein und ist weniger gefährlich als Schaukeln mit dem Stuhl.

Verwandlung in eine Pflanze

Ihr Kind sitzt ruhig auf einem Stuhl und schließt die Augen. Denken Sie sich eine Pflanze, zum Beispiel einen Kastanienbaum, aus. Das Kind stellt sich vor, wie es sich langsam in die Pflanze verwandelt. Leiten Sie die Vorstellung und betonen Sie die tiefen, festen Wurzeln und die Ruhe der gewählten Verwandlung.

Beispiel: „…Du spürst, wie deine Wurzeln tief in die Erde hineinwachsen. Du bist jetzt fest mit dem Boden verbunden und bekommst Energie und Nährstoffe. Kein Sturm kann dich aus der Ruhe bringen, denn du bist fest verwurzelt …"

Fantasiereise ins Ruheland

Ihr Kind darf sich bequem auf das Sofa oder den Teppichboden legen. Schalten Sie eine beruhigende Musik ein und schicken Sie das Kind auf Fantasiereise.

Beispiel: „Du liegst auf einer weiten grünen Wiese mit bunten Blumen und schaust in die Wolken. Du siehst verschiedene Figuren in den flauschigen Wolken, die langsam, langsam vorüberziehen. Ein kleiner Schmetterling flattert fröhlich neben dir und landet auf deinem Bauch. Es riecht nach Gras und Frühling …"

Woher kommt das Geräusch?

Ihr Kind verlässt das Zimmer, während Sie einen Wecker verstecken. Anschließend setzt sich das Kind in die Mitte des Raumes und lauscht angestrengt. Aus welcher Richtung kommt das leise Ticken des Weckers? Ziel ist es, den Wecker so schnell wie möglich zu entdecken!

Körperverwirrung[12]

Sie und Ihr Kind sitzen sich gegenüber. „Das ist meine Nase", sagen Sie und zeigen auf Ihr Knie. Ihr Kind muss jetzt auf seine Nase zeigen und einen anderen Körperteil nennen. Also beispielsweise: „Das ist mein rechtes Ohr." Daraufhin weisen Sie auf Ihr rechtes Ohr und nennen einen neuen Körperteil …

Bildhauer/Bildhauerin

Ihr Kind sitzt vor Ihnen auf einem Stuhl. Sie sind Bildhauer/Bildhauerin und formen eine Figur. Bewegen Sie dazu sanft Arme, Beine, Kopf und den restlichen Körper in die gewünschte Position. Sobald Ihr Kind errät, was es darstellt, wird getauscht.

Blitzableiter: Übungen zur Beruhigung

Wenn die beste Freundin nicht mehr reden will oder man sich ungerecht behandelt fühlt, ist es schwer, konzentriert Rechenaufgaben zu lösen. Manchmal muss man Ärger und Frustration abladen, bevor man den Kopf frei hat für neues Wissen.

Liebe Eltern,
Hören Sie Ihrem Kind zu, wenn es von seinem Schultag erzählt. *Was passiert in den Pausen? Was erzählt es vom Schulweg? Geben Sie dem Kind die Chance, emotionale Belastungen abzubauen! Versuchen Sie herauszubekommen, in welchen Situationen Ihr Kind zu erzählen beginnt. Nehmen Sie sich Zeit, wenn Ihr Kind offensichtlich etwas loswerden will, und vertrösten Sie es nach Möglichkeit nicht auf später. Hören Sie gleich zu!*

Ärgerball

Wenn Ihr Kind nicht mit Ihnen reden möchte, schlagen Sie ihm vor, den Grund für den Ärger auf ein Blatt Papier zu schreiben. Dieses darf nachher zerknüllt und im Mistkübel versenkt werden!

Blitzableiter

Manchmal muss man seinem Ärger Luft lassen! Verhindern Sie, dass Ihr Kind seinen ganzen Frust in sich hineinfrisst. Es ist okay, zu weinen oder auch zu schreien. Ist die Wut groß, hilft es auch, mit der Faust auf den Tisch zu schlagen oder mit dem Fuß auf den Boden zu stampfen. Vielleicht macht es auch Spaß, ein Kissen auf dem Sofa zu verprügeln und dabei wilde, laute Musik zu hören. Dabei darf es sich auch wild bewegen!

Lautloser Indianerschrei[13]

Wenn der feindliche Indianerstamm schon in der Nähe ist, darf man nicht mehr laut schreien, auch wenn die Gefühle noch so stark sind! Die Indianer stoßen dann ihren lautlosen Indianerschrei aus. Das geht so: Man stellt sich aufrecht hin, breitet die Arme weit aus und schreit geräuschlos, so laut man kann.

Flüster-Engelchen

Zieht sich Ihr Kind mit negativen Aussagen selber hinunter? „Ich kann das gar nicht!", jammern zum Beispiel viele Schüler und Schülerinnen demotiviert oder: „Das merk ich mir nie!"

Erziehen Sie gemeinsam mit Ihrem Kind die innere Stimme vom Flüster-Teufelchen zum Flüster-Engelchen. Sprechen Sie ihrem Kind beim Lernen gut zu, bis es sich selber gut zuredet. Lassen Sie sich schnell einen aufmunternden Gegensatz einfallen, wenn das Flüster-Teufelchen wieder zuschlägt! Verwenden Sie bevorzugt positive Formulierungen. **„Nicht" und „nein" werden vom Gehirn gerne überhört.** Zum Beispiel:

Flüster-Teufelchen	Flüster-Engelchen
„Ich will nicht mehr lernen!"	„Diese Übung machen wir noch fertig, dann hast du wirklich eine Pause verdient!"
„Das schaff ich nie!"	„Wenn du das erledigt hast, kannst du wirklich stolz auf dich sein!"
„Der Lehrer mag mich doch nicht!"	„Zeig dem Lehrer, dass du das kannst!"

Tipp für clevere Kids: Falls dich bestimmte Ideen oder Sorgen nicht loslassen und du nicht aufhören kannst zu grübeln, versuch es einmal damit, die Gedanken in einer SMS an dich selber zu schicken.

Nimm dir vor, das Thema eine Stunde lang liegen zu lassen, und versprich dir selber, nachher auf das Problem zurückzukommen, um in Ruhe darüber nachzudenken.

QUIZ FÜR CLEVERE KIDS

Bist du ein Motivations- und Konzentrationsmeister?

1. Lernbus

Wenn du in einen Bus steigst, achtest du darauf, wo er hinfährt. Wenn du lernst, brauchst du auch einen Plan, wo du hinmöchtest.

Monika überlegt sich für jedes Fach Lernziele. Zum Beispiel: „Meine Deutsch-Note wird heuer noch besser." Oder „Nächste Woche kann ich dividieren" oder „Ich lerne jeden Tag fünf Ländernamen und deren Hauptstädte."

Wohin fährt dein Lernbus? Überlege dir geeignete Ziele für verschiedene Fächer.

Mathe:

Deutsch:

Englisch:

:

Sobald du ein Ziel erreicht hast, überlege dir ein neues Ziel. Du kannst für ein Fach auch verschiedene Ziele haben.

2. Lieblingsfächer

Monika hat auch einen Bruder, Konrad. Konrad ist ein richtiges Sprachtalent. Er kann fantastische Aufsätze schreiben und Englisch macht ihm Spaß. Dafür muss Monika ihm manchmal bei den Rechenaufgaben helfen. Das ist nämlich ihre Stärke. So hat jeder bestimmte Fächer, die ihm besonders liegen.

Schreibe alle Schulfächer auf ein Blatt Papier und gib ihnen Noten. Dein Lieblingsfach bekommt eine 1, und Fächer, die dir nicht so liegen, werden schlechter benotet.

Kreise alle Fächer, die besonders gute Noten bekommen haben, in deiner Lieblingsfarbe ein.

3. Flüster-Engelchen

Konrad merkt, dass Monika in letzter Zeit immer sehr niedergeschlagen ist. Irgendwie hat sie nie Lust, ihre Hausübungen zu schreiben „Ich kann das einfach nicht!", jammert Monika ständig. „Also ich habe deine letzte Zusammenfassung richtig gut gefunden!", baut Konrad sie sofort auf. Überlege dir gemeinsam mit Konrad ein paar aufmunternde Sprüche, die Monika sich dann auch selber immer wieder vorsagt.

Du kannst das!

Weißt du noch, gestern warst du sogar schneller mit der Hausübung fertig als ich. Da war ich richtig beeindruckt!

4. Lernerfolge

Am Donnerstag scheint die Sonne und das kleine Kind von der Nachbarin spielt im Garten. Auf einmal fällt Monika auf, wie viel sie in ihrem Leben schon gelernt hat: sprechen, laufen, lesen, schreiben … Da wird sie richtig stolz auf sich und denkt sich: „Im Vergleich dazu ist die Englisch-Arbeit nächste Woche ein Klacks!"

Zähle fünf Lern-Erfolge auf, auf die du selber stolz bist!

1.

2.

3.

4.

5.

5. Brainfood

Verbinde die Lebensmittel mit ihren entsprechenden Wirkungen

Frühstück   macht mich zuerst unruhig und dann müde
Chips   beinhalten Vitamin A, das schärft die Augen
Karotten   sorgen für schnelle Verbindungen im Gehirn
Coca-Cola   macht mich zappelig, und am Abend kann ich schlecht einschlafen
Zucker   haben sehr viel Fett und nur wenige Nährstoffe
Nüsse   gibt mir Kraft für den Schultag

6. Lieblingsvitamine

Alle reden immer von gesunder Ernährung. Aber natürlich willst du auch Dinge essen, die dir schmecken. Nenne drei Obstsorten, die du richtig lecker findest, und drei Gemüsearten, die du gerne isst.

Obst 1.   **Gemüse** 1.

2.   2.

3.   3.

7. Schlummerstunde

Ein Volksschulkind braucht ungefähr zehn Stunden Schlaf pro Nacht. Wenn Monika um sechs Uhr in der Früh aufstehen muss, wann sollte sie dann schlafen gehen, damit sie in der Schule fit und ausgeschlafen ist?

          Uhr

Zur Hilfe hier eine Zeitleiste, jedes Kästchen ist eine Stunde. Zähle auch, wann du ins Bett gehen musst, damit du rechtzeitig munter bist, um fit in die Schule zu gehen.

19^{00}	20^{00}	21^{00}	22^{00}	23^{00}	24^{00}	1^{00}	2^{00}	3^{00}	4^{00}	5^{00}	6^{00}	7^{00}	8^{00}

Lösungen: Bei den meisten Fragen sind alle Antworten richtig.

5. Frühstück gibt mir Kraft für den Schultag. Chips haben sehr viel Fett und nur wenige Nährstoffe. Karotten beinhalten Vitamin A, das schärft die Augen. Coca-Cola macht mich zappelig, und am Abend kann ich schlecht einschlafen. Zucker macht mich zuerst unruhig und dann müde. Nüsse sorgen für schnelle Verbindungen im Gehirn.

7. Monika sollte um 20 Uhr schlafen gehen.

Bevor wir herausfinden, WIE man am besten lernt, klären wir zwei andere Fragen: das WO und das WANN. Dieses Kapitel behandelt nicht nur, wie ein Schüler-Arbeitsplatz aussehen sollte, sondern auch, welche Lernorte es neben dem Schreibtisch geben kann.

Zum Kindsein gehört es auch, Zeit zum Spielen zu haben. Doch die Freizeit wird knapp, denn die Hälfte des Tages wird in der Schule verbracht, dann gibt es noch Hausübungen und eventuell Lernthemen. Da ist gutes Zeitmanagement gefragt. Ein Schulkind braucht noch Unterstützung dabei, sich die Zeit einzuteilen. Erfahren Sie, wie Sie ihm dabei helfen können.

ORGANISATIONSTRICKS

50 HIER LERNE ICH!
Lernumgebung und Arbeitsplatz gestalten

- 50 Werkplatz: der Arbeitsplatz
- 51 Werkzeug: Schreibmaterialien
- 52 Andere Lernorte

54 JETZT LERNE ICH!
Zeitmanagement für Kids

- 54 Das Phänomen Zeit
- 54 Hausaufgaben: regelmäßig erledigen
- 56 Lernen: zielstrebig den Plan durchziehen
- 58 Kraft-Pausen

QUIZ FÜR CLEVERE KIDS:
Bist du ein Organisationsgenie? Seite 63

HIER LERNE ICH!
Lernumgebung und Arbeitsplatz gestalten

Wo lernt Ihr Kind am häufigsten? Hat es einen eigenen Arbeitsplatz? Setzt es sich am Anfang der Hausübungen an seinen Schreibtisch? Liegt es, wenn Sie nach zwanzig Minuten wieder zurück ins Zimmer kommen, mit dem Buch am Fußboden oder auf dem Bett? Oder ist es auch häufig bei den Großeltern, um für die Schule zu arbeiten?

Überall kann gelernt werden. Holen Sie das Meiste aus jedem Arbeitsplatz heraus!

Werkplatz: der Arbeitsplatz

Warum sitzt das Kind nicht gerne am Schreibtisch? Schaffen Sie gemeinsam einen Arbeitsplatz, an dem gerne gelernt wird.

Ist der Sessel bequem und hoch genug? Optimal ist ein größenverstellbarer Sessel. Die Höhe ist dann richtig eingestellt, wenn die Knie einen rechten Winkel formen und die Füße den Fußboden berühren. Auch der Tisch sollte mit dem Kind mitwachsen können, das spart auf lange Sicht Geld. Folgende Tisch- und Sitzhöhen werden für Schüler und Schülerinnen empfohlen.[14]

Körpergröße	Tischhöhe	Sitzhöhe
97–112 cm	46 cm	26 cm
112–127 cm	52 cm	30 cm
127–142 cm	58 cm	34 cm
142–157 cm	64 cm	38 cm
157–172 cm	70 cm	42 cm
Über 172 cm	76 cm	46 cm

Hängen Sie in Sichthöhe vor dem Schreibtisch eine Pinnwand auf. Hier haben wichtige organisatorische Erinnerungen, aber auch aktuelle Lernplakate Platz.

Störungsfaktoren jeder Art gilt es zu vermeiden. Dazu zählen Lärm, schlechte Luft oder unangenehme Temperaturen.

Tipp für clevere Kids: **Hilf deinen Eltern beim Pojekt „Werkplatz".** Wie muss dein Schreibtisch aussehen, damit du dich wohlfühlst? Kannst du ein Poster aufhängen oder einen schönen Stiftständer auf die Arbeitsfläche stellen? Vielleicht findest du ja auch eine tolle Schreibtischunterlage!

Werkzeug: Schreibmaterialien

Ein echter Werkplatz kommt nicht ohne das nötige Werkzeug aus. Ein gemeinsamer Besuch im Bürofachhandel kann einen enormen Motivationsschub darstellen. Das Kind möchte gerne die neuen Stifte und Ordner ausprobieren. Kindgerechte Ordnungssysteme können helfen, das Chaos am Arbeitsplatz in den Griff bekommen.

Weniger ist mehr. Um Lernmaterial ansprechender und damit lerneffektiver zu gestalten, reicht ein Stifte-Set mit den Grundfarben oder den Lieblingsfarben des Kindes. Als Erinnerungshelfer oder für Markierungen sind selbstklebende Zettel angesagt und ein kleines Lineal ist praktisch zum Unterstreichen.

Mit einem Zirkel kann man tolle Zeichnungen machen, in die Schule sollte er aber erst mitgenommen werden, wenn er dort auch wirklich gebraucht wird. Das Gleiche gilt für das Geodreieck und andere Materialien. Je älter SchülerInnen werden, desto eher können sie letztendlich auch ein größeres Werkzeugangebot überschauen.

Linkshänder

Schere, Spitzer und auch Füller sind zumeist für Rechtshänder konzipiert und erschweren Linkshändern den Schulalltag. Mittlerweile gibt es aber genügend Lernmaterialien, die auch für Linkshänder geeignet sind.

Bei herkömmlichen Ringblöcken etwa ist Linkshändern beim Schreiben ständig die Spirale im Weg. Kaufen Sie also lieber einen Block mit Kopfspirale, um einem linkshändigen Kind das Schreiben zu erleichtern.

Platzieren Sie die Lichtquelle am Schreibtisch so, dass die schreibende Hand keinen Schatten auf das Heft wirft.

Tipp für clevere Kids: Wenn du Linkshänder bist, achte darauf, dass du in der Schule auf der linken Seite vom Tisch sitzen darfst. So kommt dir der Nachbar beim Schreiben nicht in den Weg und ihr habt beide genügend Platz!

Andere Lernorte

Nun aber zurück zum Thema „Überall kann gelernt werden!"

Wenn wir lernen, lernen wir die Umgebung gleich mit.

In einem bekannten Experiment haben Forscher Taucher dazu aufgefordert, Wortlisten unter Wasser bzw. am Ufer auswendig zu lernen. In beiden Fällen konnten sich die Taucher dann besser erinnern, wenn sie die Wortliste in der gleichen Umgebung aufsagen durften.[15] Diese Lernvorteil bleibt auch dann bestehen, wenn man sich die entsprechende Umgebung vorstellt.

Nützen Sie also unterschiedliche Lernorte und lernen Sie verschiedene Fächer an entsprechenden Stellen. Fordern Sie Ihr Kind auch dazu auf, sich während des Tests daran zu erinnern, wie Sie gemeinsam im Garten sitzen und Biologie lernen.

Walt Disney

Walt Disney, der kreative erfolgreiche Erfinder von Micky Maus und Co., hat eine spezielle Arbeitsstrategie entwickelt. In seinem Team hatte er am Liebsten drei verschiedene Menschentypen: den Träumer, den Realisten und den Kritiker. Gemeinsam kamen sie zu den tollsten Ergebnissen.

Im Lernprozess gibt es auch drei verschiedene Arbeitsphasen: das „Träumen" und Sammeln kreativer Ideen, das „Realisieren", also Verwirklichen und Erledigen, und schließlich die „Kritik", die Überarbeitung.

Tipp für clevere Kids: Arbeite genauso erfolgreich wie Walt Disney! Wo ist dein **Kreativitätsraum**? Wo hast du die besten Ideen? Wenn du zum Beispiel am Sofa am besten nachdenken kannst, dann lege dich immer dann dorthin, wenn du eine gute Idee brauchst. Hier kannst du zum Beispiel über das Thema für deinen nächsten Aufsatz nachdenken.

Ein anderer Ort sollte dein Ort des Schaffens sein. Wo kannst du am besten arbeiten? Wahrscheinlich eignet sich dein Schreibtisch am besten dazu, deine kreativen Ideen in die Wirklichkeit umzusetzen. Setze dich an deinen Schreibtisch, um den Aufsatz zu schreiben.

Schließlich brauchst du noch einen **Kontroll-Ort**. Wenn dein Aufsatz fertig ist, machst du zunächst eine kleine Erholungspause und liest dir den Text anschließend noch einmal durch, um etwaige Fehler zu finden. Suche dafür deinen Verbesserungs- und Überarbeitungs-Ort auf. Besonders praktisch ist ein Ort, wo auch deine Eltern in der Nähe sind, die kannst du dann eventuell um Hilfe bitten.

Notizen:

JETZT LERNE ICH!
Zeitmanagement für Kids

Das Phänomen Zeit

„Wie lange dauert es noch …?" Kinder haben noch eine ganz andere Zeitvorstellung als wir Erwachsene. Wie lange sind zehn Minuten? Was bedeutet „eine Woche"? Langsam lernen Schüler und Schülerinnen, mit dem Begriff „Zeit" etwas anzufangen. Sie entwickeln ein Gespür, wie lange eine Schulstunde ist und wie viel Zeit an einem Nachmittag zur Verfügung steht.

Unterstützen Sie diesen Prozess, indem Sie anfangs mehr Struktur bieten und das Kind mit Ritualen an einen regelmäßigen Tagesablauf gewöhnen. Später können die Schüler und Schülerinnen dann mehr und mehr Eigenverantwortung für ihren Zeitplan übernehmen.

Hausaufgaben: regelmäßig erledigen

Das Schreiben der Hausaufgaben ist ein selbstverständlicher Programmpunkt im Tagesablauf. Genauso wie das Kind jeden Tag in die Schule geht, werden jeden Tag nach der Mittagspause die Aufgaben des Tages erledigt.

Heben Sie die Hausaufgaben nicht für den Abend auf, denn zu später Stunde wird die Zeit knapp und die Konzentration sinkt zusammen mit der Leistungskurve drastisch ab.

Nach dem Mittagessen sollte allerdings Zeit für eine kurze Verdauungspause sein. Bedenken Sie, dass das Kind schon den ganzen Vormittag in der Schule gesessen ist. Viele Kinder brauchen eine Bewegungspause, andere sind sehr müde und müssen sich richtig ausrasten. Finden Sie heraus, was Ihr Kind braucht!

Deutliches Beginnzeichen

Beginnen Sie die Hausaufgaben jeden Tag zu einem fixen Zeitpunkt. Zum Beispiel 30 Minuten nach dem Mittagessen.

Tipp für clevere Kids: Besorge dir eine Eieruhr und beklebe sie mit einem Aufkleber „mein Hausaufgabenwecker". Stell sie nach dem Mittagessen auf 30 Minuten ein. Während dieser Zeit darfst du machen, was du möchtest. Vielleicht darfst du kurz hinunter auf den Spielplatz oder du möchtest ein Bild malen. Möglicherweise ist es auch entspannend, einfach nur Musik zu hören.

Wenn die Eieruhr klingelt, weißt du, dass es Zeit für die Hausaufgaben ist. Fang sofort an, dann bist du früher wieder fertig.

Gezielte Arbeit

Der Übergang von der Volksschule in weiterführende Schulformen sorgt für viele Veränderungen. Bereiten Sie Ihr Kind auf die weiterführende Schule vor und helfen Sie ihm, die Hausaufgaben zu organisieren. In einem eigenen Hausaufgabenheft können alle Hausübungen notiert werden. So wissen Sie immer, was ansteht, und kein Fach kann vergessen werden.

Ein ganzer Berg Aufgaben, wo soll man da anfangen? Beginnen Sie damit, sich gemeinsam einen Überblick zu verschaffen. Hausübungen könnten in folgende Kategorien eingeteilt werden:
1. **Heute sofort erledigen:** Aufgaben, die am nächsten Tag abgegeben werden müssen, haben erste Priorität.
2. **Heute oder morgen erledigen:** Sind die Aufgaben für den nächsten Tag geschafft, kann mit Hausübungen begonnen werden, deren Abgabetermin noch in weiterer Ferne liegt.
3. **Termin festlegen, wann:** Hausübungen, die erst später fällig sind und auch nicht so wichtig sind, können auch an einem anderen Tag erledigt werden. Wichtig: Termin festlegen, wann das passieren wird.

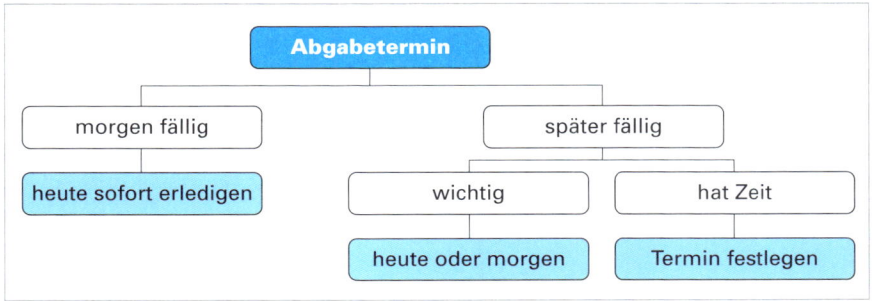

Schluss ist Schluss

Wenn das Arbeitspensum geschafft ist, ist wieder Spielzeit angesagt. Muss auch noch für eine Schularbeit gelernt werden, kann das nach der Pause passieren. Die Freizeit ist die Belohnung, auf die während der Hausübung hingearbeitet werden kann.

Liebe Eltern,
Verwenden Sie Hausübungen nicht als Strafe oder Beschäftigungstherapie. *Vermeiden Sie Aussagen wie „Hast du denn keine Hausübung mehr?", wenn Ihr Kind im Wohnzimmer herumtobt und Ihnen auf die Nerven geht. Sind die Hausübungen geschafft, ist dieser Teil des Programms abgeschlossen.*

Kinder sollen sich daran gewöhnen, dass sie jeden Tag in die Schule gehen und wieder nach Hause kommen, sobald der Schultag um ist. Genauso gewöhnen sie sich daran, jeden Tag nach der Schule Hausübung zu machen und Freizeit zu haben, sobald die Arbeit vorbei ist.

Lernen: zielstrebig den Plan durchziehen

Im Laufe ihrer Schulkarriere lernen Schüler und Schülerinnen immer größere Lernprojekte zu bewältigen. Am Anfang stehen kurze Übungen in der Volksschule, am Ende größere Prüfungen wie die Reifeprüfung.

Im Gegensatz zu Hausübungen können derartige Lernziele nicht in einem Schritt bewältigt werden. Ein Lernplan muss her.

In der Volksschule und den ersten Jahren im Gymnasium reicht es vollkommen, eine Woche im Voraus zu planen. Generell bekommen die Schüler und Schülerinnen genau eine Woche vor einer Schularbeit gesagt, welcher Stoff geprüft wird. Dieser Zeitpunkt ist der optimale Moment, um einen Lernplan zu erstellen.

Der normale Lernprozess gliedert sich in zwei Phasen: Verstehen und Behalten. Zunächst muss der Lernstoff erarbeitet und verstanden werden. Im nächsten Kapitel finden Sie verschiedene Lernmethoden, mit denen man sich ein Stoffgebiet aneignen kann.

Die zweite Lernhälfte dient dem Abspeichern und Wiederholen. Jetzt werden Details gelernt und Begriffe eingeprägt. Auch hierfür finden Sie im nächsten Kapitel konkrete Methoden.

Teilen Sie die Zeit bis zur Schularbeit entsprechend auf.

noch 1 Woche	noch 6 Tage	noch 5 Tage	noch 4 Tage	noch 3 Tage	noch 2 Tage	Vortag
verstehen				speichern		
Lernzeiten: länger und konzentriert				Lernzeiten: kurz, dafür oft		
Überblick			entspannen			entspannen

- **1 Woche vor dem Test: Jetzt ist der Lernstoff bekannt.** Verschaffen Sie sich gemeinsam einen Überblick. Welcher Teil des Stoffes ist besonders schwierig? Wo muss noch geübt werden?
- **Die ersten vier Tage haben Sie nun zur Verfügung, um den Lernstoff zu erarbeiten.** Hierfür benötigen Sie längere Lernphasen, damit konzentriert an einem Thema gearbeitet werden kann.
- Planen Sie nach dieser Zeit auch einen **Entspannungshalbtag** ein. Wenn das Kind gut vorbereitet ist, ist sogar ein lernfreier Tag angesagt!
- Jetzt sind noch drei Tage übrig, um **das erlernte Wissen zu festigen**. Zum Wiederholen eignen sich häufigere kurze Lernzeiten. Wiederholen Sie im Laufe des Tages zum Beispiel immer wieder Englisch-Vokabeln, das ist wirksamer als eine lange Lernsession.
- **Am Vortag sollten Sie keine allzu schweren Aufgaben mehr stellen,** um das Kind nicht zu verunsichern. Natürlich können noch Kleinigkeiten wiederholt werden, aber sorgen Sie dafür, dass auch Raum für Entspannung ist. Denn am nächsten Tag soll das Kind so viel Energie wie möglich zur Verfügung haben. **Nützen Sie den Vortag auch, um Ihr Kind zu ermutigen: „Du hast tüchtig gelernt!"**

Kraft-Pausen

Schüler und Schülerinnen, die am längsten lernen, sind nicht unbedingt diejenigen, die auch den größten Lernerfolg erzielen. Nicht länger, sondern besser lernen heißt darum die Devise. Die Zeit, die gearbeitet wird, sollte so effizienz wie möglich genützt werden.

Damit das möglich, ist benötigen Lerner nicht nur gute Methoden und Strategien, sondern auch genügend Pausen zum Kraft-Tanken.

Niemand kann pausenlos lernen! Leider passiert es häufig, dass Arbeits- und Pausenzeit verschwimmen. Da wird neben dem Fernseher Hausübung gemacht oder zwischen den Mathe-Übungen telefoniert. Für die Arbeit braucht man auf die Art und Weise entsprechend länger und sie wird weniger konzentriert durchgeführt. Ein Vermischen von Arbeits- und Pausenzeit geht nicht nur auf Kosten des Lernerfolgs, sondern verkürzt auch die echte Freizeit.

Trennstrich ziehen vor der Pause

Ihr Kind hat mehr von Arbeits- und Pausenzeit, wenn diese strikt getrennt werden. Ziehen Sie darum klare Trennstriche vor und nach den Pausen. Kraft-Pausen sind dann am effektivsten, wenn sie auch räumlich vom Arbeitsplatz getrennt werden.

Tipp für clevere Kids: „So, jetzt bin ich fertig und mache eine Pause!" Beginne deine Pausen bewusst. Schließe ab, womit du beschäftigt bist. Schlage das Buch zu oder schalte den Computer aus.

Pausenbeschäftigungen

Sicher fallen Ihnen und Ihrem Kind genügend mögliche Pausenbeschäftigungen ein. Unterscheiden Sie zwischen kurzen und langen Pausen. Kurze Pausen finden zum Beispiel während des Hausübung-Schreibens zwischen zwei Fächern statt. Sie dauern so ungefähr 10 bis 15 Minuten.

Lange Pausen sind angesagt, wenn nach der Hausübung noch gelernt werden muss oder zwischen Mittagessen und der Arbeit.

Tipp für clevere Kids: **Was machst du gerne in deiner Freizeit?** Welche Freizeitbeschäftigung eignet sich besonders gut für Lernpausen? Welche dieser Tätigkeiten dauern länger und können nur in großen Pausen geschafft werden? Fallen dir auch Pausenbeschäftigungen ein, die du in 10 bis 15 Minuten machen kannst, um dich zu entspannen und abzulenken?

Kurze Pausen ca. 15 Minuten	Große Pausen mindestens 30 Minuten

Trennstrich ziehen nach der Pause

Natürlich fällt es einem Kind nicht immer leicht, eine Pause wieder zu beenden. Helfen Sie ihm darum dabei, klare Trennstriche zu ziehen.

Setzen Sie fixe Zeiten! Machen Sie sich vor der Pause aus, wie lange sie dauern wird, und stellen Sie einen Wecker, der den Arbeitsbeginn einläutet. Besprechen Sie vor der Pause, an welchem Punkt nach der Pause weitergearbeitet wird.

Tipp für clevere Kids: Überlege dir vor der Pause genau, wo du nach der Pause beginnen wirst! Du kannst auch schon die richtigen Unterlagen zurechtlegen!

Eine besondere Schwierigkeitsstufe beim Beenden der Pausen stellt das Fernsehgerät dar. Es ist interessant, wie leicht es ist, den Fernseher einzuschalten, und wie schwierig er sich wieder ausschalten lässt. Viel zu leicht bleibt man vor der Flimmerkiste hängen und wird träger und träger. Aus diesem Grund ist der Fernseher als Pausenbeschäftigung grundsätzlich eher nicht zu empfehlen.

Für hartgesottene Bildschirm-Fans gibt es das Ausschalte-Training. Nur wer das besteht, darf in den Pausen fernsehen!

Tipp für clevere Kids: Das Fernseher-Ausschalte-Training für clevere Kids. Vor dem Fernseher kann man viel Zeit verlieren. Das ist schade, denn die Zeit, die du vor der Flimmerkiste verbringst, könntest du auch am Sportplatz, mit Freunden, einem spannenden Buch oder lustigen Spielen verbringen. Bestimme selbst, wie du deine Zeit verbringen willst!

Möglicherweise gibt es ab und zu eine Sendung, die du gerne sehen möchtest. Beachte folgende Fernseh-Regeln

1. Schalte den Fernseher nur gezielt ein! Wenn du genau weißt, welches Programm du sehen möchtest, setze dich dann, wenn es beginnt, vor den Fernseher.

2. Lege fest, wann du den Fernseher wieder ausschalten wirst.

3. Zappen verboten! Alle Programme durchsuchen, um herauszufinden, dass wieder einmal nichts Interessantes läuft, macht dich und deine Augen müde.

4. Genieße die Sendung! Nebenbei wird nicht gelesen und schon gar keine Hausübung gemacht. Wenn das Programm nicht spannend genug ist, kannst du das nächste Mal ganz darauf verzichten.

5. Schalte den Fernseher nach der Sendung sofort aus!!!

Du alleine kannst entscheiden, wie du deine Zeit verbringst. Darum solltest du auch nicht vor dem Fernseher hängen bleiben, nur weil du ihn nicht zur geplanten Zeit ausschalten konntest. Solltest du dich einmal dabei erwischen, den Fernseher nicht wie geplant ausgeschalten zu haben, musst du zur letzten Notlösung greifen:

Ziehe den Stecker!

Du darfst den Fernseher erst wieder an den Strom anstecken, wenn du dir sicher bist, wieder selber Herr über deine Zeit zu sein. Halte dich an dein Trainingsprogramm und genieße gezielt die Fernsehsendungen, die dich interessieren!

Eine ähnliche Situation herrscht bei Computerspielen und dem Internet. Man kann Stunden im Internet surfen und auch über Computerspiele vergisst man schnell die Zeit. Darum zählen bei Computer-Pausenbeschäftigungen dieselben Regeln wie beim Fernsehen: Wer nicht ausschalten kann, darf auch nicht einschalten. Vorab bestimmte Zeiten sind hier besonders wichtig. Jedes Computer-Spiel lässt sich auf „Pause" setzen. „Nur noch dieses Level fertig" gilt hier nicht, denn das kann unendliche Ausmaße annehmen. **Computerspiele fördern die Adrenalin-Ausschüttung.** Adrenalin ist das Stress-Hormon des Körpers, wenn es ausgeschüttet wird, werden die Kinder gestresst, genervt, zappelig und aggressiv. All das wirkt als Lernhemmung!

Liebe Eltern!
__Im Kinderzimmer sollte kein eigenes Fernsehgerät stehen!__ Möglicherweise müssen Sie auch den PC und Spielkonsolen in Obhut nehmen, denn Kinder müssen erst lernen, der Versuchung zu widerstehen.

Nach Möglichkeit sollte auf den Computer in der Pause verzichtet werden. Entspannter wird man ohnehin nicht, wenn man seine Pause hinter dem Bildschirm verbringt. Sorgen Sie dafür, dass Ihr Kind nicht aus Langeweile Computer spielt. Gibt es genügend andere Möglichkeiten der Pausengestaltung? Helfen Sie Ihrem Kind, ein Hobby zu finden.

Hier ein paar Ideen. Ist etwas für Ihr Kind dabei?

Bewegung: mit dem Hund spazieren gehen, Fußball spielen, Wäsche aufhängen, auf den Spielplatz gehen, einen kleinen Spaziergang machen, schwimmen, tanzen …

Kunst: ein Bild malen, etwas basteln, mit Holz arbeiten, zeichnen, Knetmasse modellieren, sticken, Modelle bauen …

Literatur: ein Buch lesen, eine Geschichte schreiben, dichten, Zeitschriften lesen, einen Brief schreiben …

Musik: ein Musikinstrument lernen, Musik hören, singen, tanzen …

Spielen: Puzzle spielen, Gesellschaftsspiele, Rollenspiele, Lego, Rätselhefte, Knobelspiele …

*Liebe Eltern.
Ihr Kind wird besonders motiviert sein, sich kreativ zu betätigen, wenn Sie seine Werke auch sammeln!*

Sicher haben Sie und Ihr Kind noch viel mehr Ideen. Bieten Sie Alternativen zu Computer und Fernseher.

Tipp für clevere Kids: Was machst du gerne? Kreise alles ein, was dir Spaß macht:

Begriffe von oben kreuz und quer

QUIZ FÜR CLEVERE KIDS

Bist du ein Organisationsgenie?

1. Aufwärmen

Bevor das große Match beginnt, wärmen sich die Fußballer auf. Sie laufen ein paar Runden und strecken sich. Wie wärmst du dich am liebsten auf, wenn du lernen musst?

☐ Ich öffne das Fenster, damit frische Luft ins Zimmer kommt.

☐ Ich beginne mit einer leichten Aufgabe.

☐ Ich verschaffe mir einen Überblick, was alles zu tun ist. Dann entscheide ich mich, womit ich beginne.

☐ Immer bevor ich mich an den Schreibtisch setze, mache ich ein paar Streckübungen. Zuerst berühre ich mit ausgestreckten Beinen meine Zehen, dann mache ich mich ganz groß und strecke meine Hände, so hoch ich kann, in die Luft.

☐

☐

2. Walt Disney

Stell dir vor, du möchtest einen Aufsatz über Raubtiere schreiben.

Wo ist dein Kreativitätsplatz? Wo hast du deine besten Ideen? Wo würdest du darüber nachdenken, was du alles schreiben könntest?

Wo ist dein Ort des Schaffens? Wo kannst du den Text tatsächlich schreiben?

Wo ist dein Kontroll-Ort? Wo verbesserst du nach einer Pause den Text?

3. Pausengestaltung

Wenn Olivia viel zu tun hat, macht sie regelmäßig Pausen beim Lernen. So bleibt sie länger fit und das Lernen ist nicht so anstrengend. Hin und wieder reckt und streckt sie sich, dann kann sie wieder besser nachdenken. Nach so ungefähr einer halben Stunde macht sie dann eine richtige Pause. Dann spielt sie kurz mit ihrem Hund Flocke. Wenn schönes Wetter ist, schaut sie kurz hinaus in den Garten.

Und du? Was machst du gerne in den Pausen?

- ☐ Etwas trinken
- ☐ Spielen
- ☐ In der Sonne sitzen
- ☐ Mit jemandem spielen
- ☐ Alleine spielen
- ☐ Etwas essen

- ☐ Ein Bild malen
- ☐ Spazieren gehen
- ☐ Musik hören
- ☐ Turnübungen
- ☐
- ☐

4. Trennstrich

Olivia könnte stundenlang mit ihrem Hund spielen. Hast du eine Idee, wie sie trotzdem dafür sorgen kann, dass sie nach fünfzehn Minuten wieder weiterarbeitet? Wie könnte sie sich daran erinnern, dass die Pause vorbei ist? Mit welchen Aufgaben sollte sie nach der Pause beginnen?

5. Olivia hat es nicht leicht.

Sie hat viele Freunde, die sehr gerne SMS verschicken. Immer wenn sie lernen möchte, läutet ihr Handy und sie weiß, dass sie eine SMS bekommen hat. Weil sie so neugierig ist, kann sie sich dann nicht mehr auf die Hausübung konzentrieren, bis sie die SMS gelesen hat. Hast du einen Tipp für sie, was sie unternehmen kann, damit sie in Ruhe arbeiten kann?

6. Beweismaterial

Und du? Was hält dich vom Lernen ab? Beobachte morgen, während du Hausübungen machst, wer oder was dich stört. Wie oft musst du die Arbeit unterbrechen? Die Störenfriede müssen entlarvt werden. Sage ihnen den Kampf an. Wie kannst du sie in Zukunft vermeiden?

7. In Ruhe arbeiten

Mal ein Schild „Bitte nicht stören" und hänge es an deine Zimmertür, wenn du in Ruhe lernen möchtest.

Lösungen: Bei den meisten Fragen gibt es viele richtige Antworten.

1. + 3. Alle vorgeschlagenen Punke sind richtig.

4. Beispiel: Am Handy einen Alarm einstellen, der daran erinnert, dass die Pause vorbei ist. Olivia sollte sich schon vor der Pause überlegen, womit sie nach der Pause weitermachen möchte. Am besten etwas, was ihr Spaß macht oder nicht allzu schwer ist.

5. Olivia könnte ihr Handy lautlos schalten.

Wenn man sich unter Schüler und Schülerinnen (aber auch unter Studenten und Studentinnen) umhört: „Was machst du eigentlich, wenn du lernst?", bekommt man als häufigste Antwort „Ich lese mir den Stoff so lange durch, bis ich ihn kann." Das funktioniert. Nicht umsonst wählen so viele Lerner diese Strategie. Aber es erfordert nicht nur sehr viel Zeit, sondern auch genügend Disziplin.

In diesem Kapitel wollen wir verschiedene Alternativen vorstellen, die Zeit sparen und Spaß machen. Ihr Kind hat die Auswahl aus unterschiedlichsten Methoden und kann sich selber aussuchen, für welche es sich entscheidet.

LERNTRICKS

69 DIE LERNMASCHINE
Werkschritte für erfolgreiches Lernen

72 WERKSCHRITT „SORTIEREN"
Lerntechniken die das Verständnis erleichtern

- 72 Was ist wichtig? Hervorheben und unterstreichen
- 77 Kleine Tricks, die beim Verstehen helfen
- 78 Aufnahmen im Lernstudio
- 78 Werbeplakate
- 80 Stichwortzettel im Haus

80 WERKSCHRITT „VERPACKEN"
- 80 Wiederholen ohne Langeweile

- 80 Kleine Wissenshäppchen
- 80 Brainstorming
- 81 Stofftierschule
- 81 Den Spieß umdrehen: Wir spielen Lehrer/Lehrerin
- 81 Lerntanz: Wiederholen mit Eigenproduktionen
- 82 Lernrallye
- 82 Lückentext

82 LERNKANÄLE
Mit allen Sinnen lernen

QUIZ FÜR CLEVERE KIDS:
Bist du ein Lernprofi?   Seite 84

Tipp für clevere Kids: Was machst du, wenn du lernst? Du hast hier eine ganze Seite Platz, schreibe alles auf, was dir einfällt. Wenn du zu deinen Eltern sagst, du gehst in dein Zimmer lernen, was machst du dann? Wie bereitest du dich auf einen schwierigen Test vor? Was machst du, wenn du merkst, du hast in Mathematik etwas nicht verstanden?

Nimm jetzt einen Stift in deiner Lieblingsfarbe. Kreise damit all die Aktivitäten ein, die du gerne machst. Kreise auch ein, was du besonders gut kannst!

DIE LERNMASCHINE
Werkschritte für erfolgreiches Lernen

Sie wissen schon aus dem letzten Kapitel, dass sich das Lernen in zwei Phasen teilt. Zunächst wird der Lernstoff erarbeitet und verstanden, anschließend muss dieses Wissen gefestigt und gespeichert werden.

Liebe Eltern:
Sie können mitmachen, und die Fragen auf einem separaten Blatt Papier auch selber beantworten, bevor sie auf der nächsten Seite weiterlesen.

Tipp für clevere Kids: Beantworte folgende Fragen so schnell wie möglich.

Hund	Wie viele Silben hat dieses Wort?	
Mozart	In welchem Jahrhundert lebte diese Person?	
Sessel	Zeichne den Gegenstand!	
Urlaub	Kommt dieses Wort im Wörterbuch vor dem Wort „Urgestein"?	
Tanzen	Wie viele Buchstaben hat dieses Wort?	
Taschenrechner	Hast du einen Taschenrechner bei dir?	
Mond	Schreibe dieses Wort rückwärts!	
Irland	Welche Sprache sprechen sie in diesem Land?	
Sandstrand	Wie lautet der fünfte Buchstabe?	
Hoffnung	Kommt dieses Wort im Wörterbuch nach dem Wort „Ampel"?	
Weihnachten	In welchem Monat wird dieses Fest gefeiert?	
Herbst	Zähle die Buchstaben dieses Wortes!	
England	Warst du schon einmal in diesem Land?	
Rot	Welcher Gegenstand in deiner unmittelbaren Umgebung hat diese Farbe?	
Bügeleisen	Wie oft kommt der Buchstabe „e" in diesem Wort vor?	
Freundschaft	Wie viele Konsonanten finden sich in diesem Wort?	
Brief	Hast du im letzten Monat einen verschickt?	
Jugend	Wie lautet der zweite Buchstabe in diesem Wort?	
Brot	Wie viel kostet ein Wecken ungefähr?	
Ameise	Aus wie vielen Buchstaben besteht dieses Wort?	

Kapitel 4: Lerntricks

Fertig? Gut gemacht. Dann lies auf der nächsten Seite weiter.

Versuch dich an möglichst viele Begriffe zu erinnern. Das ist schwierig, denn du hast sie ja gar nicht absichtlich auswendig gelernt. Wenn du aber zurückdenkst, welche Wörter und Fragen du gerade gesehen hast, fallen dir sicher ein paar wieder ein. Schreib die Begriffe auf ein Blatt Papier (nur die Wörter sind wichtig, die Fragen brauchst du nicht aufzuschreiben).

Hier siehst du noch einmal die Liste. Kreuze alle Wörter an, die du noch gewusst hast.

		✓
Hund	Wie viele Silben hat dieses Wort?	
Mozart	In welchem Jahrhundert lebte diese Person?	
Sessel	Zeichne den Gegenstand!	
Urlaub	Kommt dieses Wort im Wörterbuch vor dem Wort „Urgestein"?	
Tanzen	Wie viele Buchstaben hat dieses Wort?	
Taschenrechner	Hast du einen Taschenrechner bei dir?	
Mond	Schreibe dieses Wort rückwärts!	
Irland	Welche Sprache sprechen sie in diesem Land?	
Sandstrand	Wie lautet der fünfte Buchstabe?	
Hoffnung	Kommt dieses Wort im Wörterbuch nach dem Wort „Ampel"?	
Weihnachten	In welchem Monat wird dieses Fest gefeiert?	
Herbst	Zähle die Buchstaben dieses Wortes!	
England	Warst du schon einmal in diesem Land?	
Rot	Welcher Gegenstand in deiner unmittelbaren Umgebung hat diese Farbe?	
Bügeleisen	Wie oft kommt der Buchstabe „e" in diesem Wort vor?	
Freundschaft	Wie viele Konsonanten finden sich in diesem Wort?	
Brief	Hast du im letzten Monat einen verschickt?	
Jugend	Wie lautet der zweite Buchstabe in diesem Wort?	
Brot	Wie viel kostet ein Wecken ungefähr?	
Ameise	Aus wie vielen Buchstaben besteht dieses Wort?	

Zähle jetzt, wie viele Kreuze du in den grauen Feldern hast und wie viele in den weißen.

Ich habe diese Übung insgesamt mit über 500 Schülern und Schülerinnen und Lehrern und Lehrerinnen gemacht und beinahe alle haben sich mehr graue Wörter gemerkt. Du auch? Sieh dir die Fragen, die dazugehören, noch einmal genau an.

Über ein Wort nachdenken ist ein guter Lerntrick! Sobald du dich damit beschäftigst, was ein Wort bedeutet, merkst du es dir viel leichter. Das ist viel wichtiger, als zum Beispiel zu untersuchen, wie man das Wort genau schreibt.

Wenn du etwas lernst, versuch darum zuerst alles zu verstehen.

Sehr viele Schüler und Schülerinnen machen den Fehler, zu früh anzufangen, auswendig zu lernen. Unser Gehirn ist sehr schlecht darin, Daten zu behalten, die keinen Sinn ergeben. Viel besser können wir uns etwas merken, wenn wir Verbindungen zu altem Wissen knüpfen können. So wird das Gelernte auch nachhaltiger in unserem Gedächtnis verankert!

Unsere Lernmaschine arbeitet in zwei Werkschritten: Zunächst wird das Wissen sortiert und dann verpackt!

Lernen beginnt mit Werkschritt 1: „sortieren". Hier geht es darum, Inhalte zu verstehen und Zusammenhänge zu erkennen. Eine Definition, die man nicht begreift, kann man sich nur schwer merken.

Erst dann kommt der Werkschritt 2: „verpacken". Jetzt können wichtige Informationen gezielt gespeichert werden. Sie werden merken: Auswendig lernen ist oft gar nicht mehr nötig, denn vieles ist bereits wie von selbst im Kopf!

Kapitel 4: Lerntricks

WERKSCHRITT „SORTIEREN"
Lerntechniken, die das Verständnis erleichtern

Was ist wichtig? Hervorheben und unterstreichen

Tipp für clevere Kids: Der kleine Bruder hat dein Märchenbuch als Malbuch verwendet. Jetzt ist das ganze Buch voller Farbe und einige Wörter sind gar nicht mehr zu lesen. Kannst du die Geschichte[17] trotzdem lesen? Versuch herauszufinden, worum es geht.

> **Der Löwe und die Maus**
> ..., kleine Maus tollte übermütig um einen Löwen ... in der warmen Mittagssonne vor sich hindöste. Der ... ige Mäuserich stieg dem König der Tiere sogar auf die riesigen Pranken und beäugte sie neugierig. Da wurde der Löwe wach, packte ... und wollte sie fressen. Das Mäuschen zappelte vor Angst ...
> Bitte, bitte, lass mich leben ...
> ...
> ... Ich gebe dir mein Mausewort, wenn du mich freilässt, ... ich dir bestimmt auch einmal aus der Not helfen." Der ...
> ... als er jetzt Herr über ... göttlich. "Lauf, kleiner Wildfang, ich schenke dir dein Leben", sagte er feierlich und öffnete langsam seine Pranken. Als die Maus behende davon flitzte, rief er ihr noch nach: "Vergiß dein Versprechen nicht!" Einige Monate später geriet der Löwe auf seiner Jagd in eine Falle.
> Ein festes Stricknetz ... Der Löwe tobte und zerrte an den Maschen, ... Netz war zu eng geknüpft. Der ... Eine Maus huschte vorbei, ... "Bist du nicht ... große Freund von meinem Bruder, ... Wildfang genannt ... Im Nu hatte er seinen Bruder herbeigeholt, und beide Mäuschen zernagten ... die festen Maschen, Stück für Stück, bis sie ein großes Loch ins Netz gebissen hatten, durch das der dankbare Löwe entkommen konnte.

Und, geschafft?
Nicht alles, was geschrieben steht, ist wichtig.

Tipp für clevere Kids: **Welche Wörter sind nicht so wichtig, um eine Geschichte zu verstehen?** Nimm einen dicken Filzstift und streiche in der folgenden Fabel[18] alle Wörter durch, die man deiner Meinung nach nicht lesen muss, um den Text zu verstehen.

Teste deinen Erfolg, indem du einen Freund fragst, ob er die Geschichte noch verstehen kann.

> Eine durstige Krähe fand einen Wasserkrug; doch war nur so wenig Wasser darin, dass sie es mit ihrem Schnabel nicht zu erreichen vermochte. Sie versuchte, den Krug umzuwerfen; aber dazu war sie zu schwach. Da suchte sie nach einer List, wie sie es dahin brächte, dass sie dennoch aus dem Kruge trinken möchte. Zuletzt nahm sie kleine Steinchen und warf deren so viele in den Krug, dass das Wasser immer höher emporstieg, bis sie es endlich erreichen und ihren Durst löschen konnte.

Viele Lösungen sind möglich! Richtig ist, was du wichtig findest. So sieht eine mögliche Lösung aus.

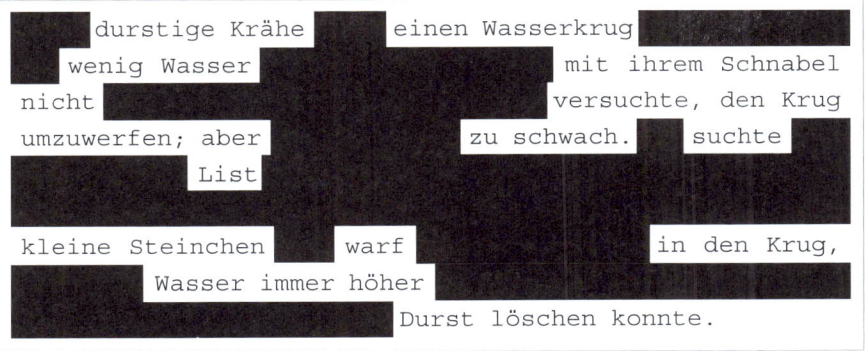

Mit einem Leuchtmarker kann man die entscheidenden Stellen in einem Text markieren. So muss man später nicht alles noch einmal lesen, sondern kann sich auf die besonders wichtigen Stellen konzentrieren.

Tipp für clevere Kids: Das kannst du auch! Immerhin hast du schon geübt, unwichtige Wörter durchzustreichen. Jetzt sollst du sozusagen das Gegenteil machen: Hebe die wichtigsten Begriffe hervor!

Nimm dir ein kleines Lineal und einen Leuchtmarker oder auch einen Buntstift. Unterstreiche nur die Wörter, die deiner Meinung nach wichtig sind, um den Text zu verstehen.

Ein Rabe hatte einen Käse gestohlen, flog damit auf einen Baum und wollte dort seine Beute in Ruhe verzehren. Da es aber der Raben Art ist, beim Essen nicht schweigen zu können, hörte ein vorbeikommender Fuchs den Raben über dem Käse krächzen. Er lief eilig hinzu und begann den Raben zu loben: „Rabe, was bist du für ein wunderbarer Vogel. Wenn dein Gesang ebenso schön ist wie dein Gefieder, dann sollte man dich zum König aller Vögel krönen!" Dem Raben taten diese Schmeicheleien so wohl, dass er seinen Schnabel weit aufsperrte, um dem Fuchs etwas vorzusingen. Dabei entfiel ihm der Käse. Den nahm der Fuchs sofort, fraß ihn und lachte über den törichten Raben.

Wieder gilt: Richtig ist, was du wichtig findest. So sieht eine mögliche Lösung aus:

Ein ==Rabe== hatte einen ==Käse gestohlen==, flog damit ==auf einen Baum== und wollte dort ==seine Beute in Ruhe verzehren==. Da es aber der Raben Art ist, beim Essen nicht schweigen zu können, ==hörte== ein vorbeikommender ==Fuchs== den Raben über dem Käse krächzen. Er lief eilig hinzu und ==begann den Raben zu loben==: „Rabe, was bist du für ein wunderbarer Vogel. Wenn dein Gesang ebenso schön ist wie dein Gefieder, dann sollte man dich zum König aller Vögel krönen!" Dem Raben taten diese Schmeicheleien so wohl, dass er seinen ==Schnabel weit aufsperrte==, um dem Fuchs etwas ==vorzusingen==. Dabei ==entfiel ihm der Käse==. Den nahm der ==Fuchs== sofort, ==fraß== ihn und ==lachte== über den törichten Raben.

Textbeispiele erfolgreich lösen

Sie haben mit Ihrem Kind jetzt schon einige Übungen zum sinnerfassenden Lesen gemeistert. Nun können wir uns an die Herausforderung „Textbeispiele ohne Sorgen" heranwagen.

Bei Textbeispielen gehen wir nämlich genauso vor wie soeben: Wir unterstreichen die wichtigsten Informationen. Dazu lesen wir zunächst einmal die ganze Aufgabe durch, anschließend unterstreichen wir, was wir wichtig finden. Wir können etwa für alle Zahlen eine zweite Farbe verwenden.

Beispiel: Amelie ist um drei Jahre jünger als ihre Schwester Lena. Lena ist zwar älter, aber um fünf Zentimeter kleiner als Amelie, denn Amelie ist ziemlich groß: 1,30 m. Lena ist um fünf Jahre älter als der kleine Bruder Tom. Der Fünfjährige ist mit seinen 1,10 m auch wirklich der Kleinste.
Wie alt und groß ist Amelie?

Das ist ein ganz schön schwieriges Textbeispiel. Am besten, wir unterstreichen einmal alle Namen. Damit wir uns auskennen, nehmen wir verschiedene Farben. Alle Altersangaben unterstreichen wir in einer Farbe, die Größen in einer anderen.

> Amelie ist um 3 Jahre jünger als ihre Schwester Lena. Lena ist um 5 Jahre älter als der kleine Bruder Tom. Der Fünfjährige ist der Kleinste.
> **Wie alt ist Amelie?**

Tja, jetzt sieht es zwar schon übersichtlicher aus, aber ganz so einfach ist das Beispiel immer noch nicht.

Oft ist in Textbeispielen eine kleine Geschichte versteckt. Diese versuchen wir zu zeichnen. Darum machen wir auch von dieser Aufgabe eine Skizze. Es geht um drei Kinder, die können wir leicht zeichnen. Alles was wir sicher wissen, schreiben wir ebenfalls dazu.

Jetzt, wo wir alles verstanden haben, überlegen wir, was genau gefragt ist.

Tipp für clevere Kids: Unterstreiche in Textbeispielen immer die genaue Frage doppelt! So vergisst du nie, worum es eigentlich geht!

Um herauszufinden, wie groß und alt Amelie ist, müssen wir unsere Skizze erweitern:

Erst jetzt beginnen wir zu rechnen.

5 + 5 = 10   Lena ist 10 Jahre alt.
10 − 3 = 7   Amelie ist 7 Jahre alt.

Tipp für clevere Kids: Das kannst du auch! Probiere es einmal mit folgendem Beispiel: Peter ist der Größte von den drei Geschwistern. Sein Bruder Florian ist 5 cm kleiner. Benjamin ist der Kleinste. Er ist nur 1,10 m und ganze 40 cm kleiner als Florian!
Wie groß ist Peter?

Kleine Tricks, die beim Verstehen helfen

Perspektivenwechsel

Wussten Sie, dass Albert Einstein, auch wenn er alleine war, Rechnungen auf eine große Tafel geschrieben hat, um sie zu lösen? Hat Ihr Kind eine besonders harte Nuss zu knacken, hilft ihm vielleicht auch ein derartiger Perspektivenwechsel. Hängen Sie einen Bogen Packpapier an die Wand. Es macht Spaß, die Matheübungen statt in einen Notizblock ausnahmsweise mal auf die Wand schreiben zu dürfen!

Beim Nachdenken zeichnen

„Schau mich an, wenn ich mit dir rede." Haben Sie, wenn Sie Ihrem Kind etwas erklären, das Gefühl, es würde gar nicht zuhören, nur weil es Sie nicht ansieht? Beobachten Sie sich einmal selber. Kommen Ihnen die besten Ideen nicht auch unter der Dusche, beim Spazierengehen oder Bügeln? Wenn Ihr Kind Sie nicht ansieht, während Sie sprechen, liegt das möglicherweise daran, dass es sich gerade vor seinem inneren Auge ein Bild davon macht, was Sie erklären! Gerade Kinder denken verstärkt in Bildern. Manche Kinder können besser nachdenken, wenn Sie dabei zeichnen dürfen.

Laut mitreden

Kinder sind intuitiv Lernspezialisiten und nützen von selber alle Sinne, um den Lernstoff zu begreifen. So reden sie zum Beispiel gerne laut mit, während sie rechnen oder nachdenken. Das hilft dabei, die Gedanken zu konkretisieren und den roten Faden nicht zu verlieren.

Persönlicher Bezug

Wir sind ständig mit neuen Informationen konfrontiert und unser Gehirn wählt sehr genau aus, was es behält und was nicht. Behalten wird, was uns und unser Leben direkt betrifft. Wenn Sie zum Beispiel das Wetter nicht interessiert, weil Sie sowieso den ganzen Tag im Büro verbringen, merken Sie sich den Wetterbericht nicht, obwohl Sie ihn im Radio laut und deutlich hören.

Informationen können leichter gelernt werden, wenn wir einen persönlichen Bezug finden. Wie lassen sich Lerninhalte in den Alltag integrieren? Einige spielerische Möglichkeiten dazu finden Sie im letzten Kapitel.

Aufnahmen im Lernstudio

Sie können gemeinsam mit Ihrem Kind Lernaufnahmen in Eigenproduktion anfertigen. Alles, was Sie dazu brauchen, ist ein Kassettenrekorder mit Aufnahmefunktion oder ein Mikrophon für den Computer.

Kurzfassungen des zu lernenden Stoffes, Fremdwörter, Gedichte …, alles, was gerade gelernt werden muss, eignet sich als Material für die Aufnahme im Lernstudio. Ihr Kind kann sich den Stoff am besten selber auf Band sprechen.

Dieses kann dann in verschiedensten Momenten gehört werden: am Abend vor dem Einschlafen, in der Badewanne, beim Spazierengehen, Puzzle-Spielen, Aufräumen …

Werbeplakate

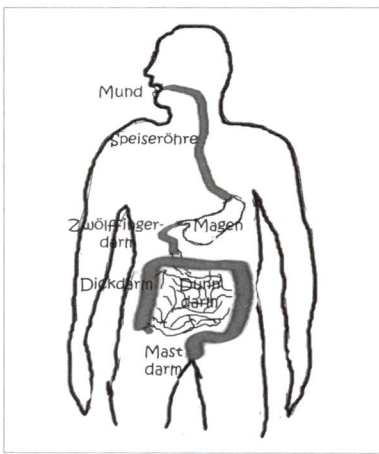

Sie wissen schon sehr gut, was Sie tun, die Marketingspezialisten. Eine Autofahrt und schon wieder haben sich zahlreiche Produktnamen von den zahlreichen Werbeflächen in Ihr Gehirn eingeprägt. Ganz automatisch nehmen Sie die Bilder wahr und lesen die Schriftzüge.

Das machen wir auch! Der Stoff für den nächsten Test wird einfach auf ein Lernplakat gepackt! Dieses bekommt dann einen prominenten Platz im Kinderzimmer.

Lernplakate sollten keine langen Texte enthalten, sondern kurze Schlagwörter. Besonders gut sind Zeichnungen, die den Stoff erklären. Versuchen Sie, gemeinsam mit Ihrem Kind den Stoff in Bildern darzustellen. So können Sie auch sicher gehen, dass es das Material wirklich versteht und nicht nur irgendwelche Sätze auswendig lernt.

Beispiel: Wasserkreislauf

Es regnet. Der Regen versickert im Boden und sammelt sich im Grundwasser. Von dort gelangt es in Flüsse und Seen. Wenn die Sonne auf die Wasseroberfläche scheint, verdampft Wasser. Wolken bilden sich. Es fangt an zu regnen …

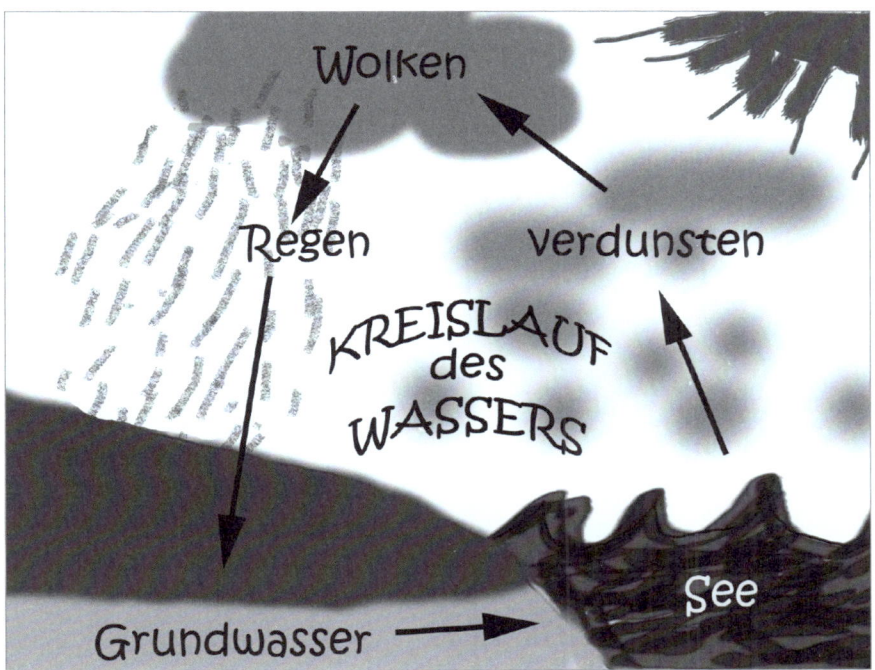

Beispiel: unser Verdauungssystem

Was passiert, wenn du ein Stück Brot isst? Nahrungsmittel legen in unserem Körper folgenden Weg zurück: Zunächst werden sie im Mund zerkaut. Über die Speiseröhre gelangen sie in den Magen. Nachdem sie hier von der Magensäure weiter zerlegt wurden, kommen die Nahrungsmittel in den Zwölffingerdarm. Die nächsten Stationen sind Dünndarm und Dickdarm. Schließlich endet ihr Weg im Mastdarm.

Tipp für clevere Kids: **Das kannst du auch!** Suche dir ein Thema aus, das dich im Moment besonders interessiert, z. B. dein Lieblingstier. Zeichne alle wichtigen Informationen auf ein Plakat!

Stichwortzettel im Haus

Bitte konzentrieren Sie sich. Unter dieser Zeile steht ein Satz in anderer Schriftart. Bitte versuchen Sie ihn **nicht** zu lesen.

Das geht nicht.

Sobald Buchstaben ein Wort ergeben, können wir nicht anders, als es zu lesen. Das ist ein praktischer Effekt, den wir gleich als Lerntrick umsetzen. Vokabeln, Definitionen, Formeln und andere wichtige Informationen werden auf kleine Zettel geschrieben und im ganzen Haus verteilt: am Vorzimmerspiegel, an der Eingangstür, am Kasten, an der Fensterscheibe, im WC …

WERKSCHRITT „VERPACKEN"
Wiederholen ohne Langeweile

Wenn man sich unter Schülern und Schülerinnen (aber auch unter Studenten und Studentinnen) umhört: „Was machst du eigentlich, wenn du lernst?", bekommt man als häufigste Antwort: „Ich lese mir den Stoff so lange durch, bis ich ihn kann." Das wissen Sie schon? Einen Text, den man bereits gut kennt, noch einmal zu lesen, ist langweilig! Ihr Kind wird sich kaum darauf konzentrieren können und mit den Gedanken abschweifen. Darum hier ein paar Methoden, abwechslungsreich zu wiederholen:

Kleine Wissenshäppchen

Die erste Regel lautet, wie so oft: Weniger ist mehr. Verteilen Sie die Wiederholungen in kurze Übungen über den ganzen Tag. So sorgen Sie dafür, dass das Wissen langfristig und sicher im Gedächtnis verankert wird.

Brainstorming

Beginnen Sie die Wiederholungsphase mit einer Bestandaufnahme. Was hat sich Ihr Kind dank des Werkschritts „sortieren" bereits gemerkt? Machen Sie ein gemeinsames Brainstorming, indem Sie das Thema in die Mitte eines großen Papierbogens schreiben. Ihr Kind darf alles aufschreiben, was ihm einfällt!

Stofftierschule

Auf mündliche Prüfungen sollte man sich auch mündlich vorbereiten. Dafür gibt es mehrere Möglichkeiten. Man kann sich unter Freunden gegenseitig Fragen stellen, sich von den Eltern oder Großeltern abprüfen lassen oder unter der Dusche mit sich selber reden. Manche empfehlen auch, dass man sich den Stoff vor dem Spiegel selber erzählt, doch das eigene Spiegelbild lenkt viele Schüler und Schülerinnen ab. Statt dem Spiegel kann man seinem Stofftier oder auch dem Haustier alles zum Thema erklären!

Den Spieß umdrehen: Wir spielen Lehrer/Lehrerin

Ständig nur zu lernen ist auch nicht lustig. Darum versuchen wir es einmal andersherum. Diesmal dürfen sich die Schüler und Schülerinnen die Fragen überlegen. Welche Fragen würden sie stellen, wenn sie Lehrer/Lehrerin wären und den Test vorbereiten müssten? Spitze ist es natürlich, wenn man das mit Freunden versucht und sich gegenseitig leichte und schwierigere Fragen stellt.

Tipp für clevere Kids: Vielleicht kannst du ja sogar eine Art Probe-Schularbeit verfassen. Stelle dir selber ein paar Aufgaben, die du dann in einer Stunde bewältigen wirst.

Lerntanz: Wiederholen mit Eigenproduktionen

Wer sich den Lernstoff selber auf Band gesprochen hat, kann mit der Zeit versuchen mitzusprechen. Der Text kann auch mit bestimmten Bewegungen gekoppelt werden. So kann die Lernkassette immer in der Früh eingeschaltet werden. Während des Anziehens wird jede Aktion von einer bestimmten Textpassage eingeleitet. Bei der Prüfung fallen einem dann die entsprechenden Begriffe ein, sobald man an die dazugehörigen Bewegungen denkt.

Lernrallye

Schreiben Sie kleine Wissenshäppchen auf Notizzettel und verteilen Sie sie im Kinderzimmer. Die Zettel werden so aufgelegt, dass die Antworten auf der Rückseite stehen. Anschließend stellen Sie eine gezielte Frage. Ihr Kind zischt von Zettel zu Zettel und versucht die richtige Antwort zu finden. Die Zettel müssen immer wieder umgedreht werden, so dass die Antwort wieder versteckt wird.

Mit der Zeit merkt sich Ihr Kind nicht nur, wo welche Information versteckt ist, es kann die Zettel auch „im Kopf umdrehen" und weiß die Antwort, ohne zum Versteck zu laufen.

Tipp für clevere Kids: Lerne so das 1x1 in der ganzen Wohnung! Für jede Reihe kannst du ein anderes Zimmer verwenden. Lass die Zettel so lange liegen, bis du das ganze Einmaleins gut kannst!

Lückentext

Kopieren Sie das Kapitel, das Ihr Kind gerade lernt. Am besten funktioniert diese Methode, wenn Ihr Kind bereits die wichtigsten Wörter selber unterstrichen hat. Überkleben Sie diese Begriffe (oder Teile davon) mit weißen Selbstklebeetiketten oder übermalen Sie sie mit Tipp-Ex. Ihr Kind darf den Text wieder vervollständigen!

LERNKANÄLE
Mit allen Sinnen lernen

Viele LehrerInnen gehen davon aus, dass es verschiedene Lerntypen gibt. Manche Schüler und Schülerinnen sprechen sich den Stoff am liebsten laut vor, andere schreiben bunte Zusammenfassungen und wieder andere gehen beim Lernen gerne auf und ab.

Die meisten Menschen sind gemischte Lerntypen und können über alle Sinne lernen!

Neues Wissen kann über drei verschiedene Wege aufgenommen werden: Dafür verwenden wir den Ausdruck „Lernkanal".

optisch: Lesen, Fotos, Bilder, Grafiken ...
akustisch: Zuhören, Lernkassetten, Schulstunden, Vorträge ...
kinetisch: Bewegung, schreiben, selber tun ...

Diese Tabelle zeigt, welche Lernkanäle von den unterschiedlichen Lerntricks genützt werden:

		optisch	akustisch	kinetisch
„sortieren"	hervorheben	xxx		x
	Perspektivenwechsel	xxx		x
	beim Nachdenken zeichnen	xxx		x
	laut mitreden		xxx	xx
	persönlicher Bezug	xx	xx	xx
	Aufnahmen im Lernstudio		xxx	x
	Werbeplakate	xxx		x
	Zettelwirtschaft	xxx		x
„verpacken"	Brainstorming	xxx		x
	Stofftierschule		xxx	xx
	Lehrer spielen	xx	xx	x
	Lerntanz		xxx	xxx
	Lernrallye	xx	xx	xxx
	Lückentext	xxx		x

Wahrscheinlich hat Ihr Kind einen bevorzugten Lernkanal. Nützen Sie speziell Lerntechniken, die auf die besonderen Fähigkeiten Ihres Kindes eingehen, und beachten Sie den entsprechenden Lernkanal. Diese Methoden werden ihm den meisten Spaß machen!

Wie erwähnt, gibt es keine einseitigen Lerntypen. Wir können mit allen Sinnen lernen. Vor allem, wenn viel zu lernen ist, ist es sinnvoll, die Lerntechniken zu wechseln. So werden abwechselnd verschiedene Gehirnfunktionen angeregt und die Arbeit bleibt spannend!

QUIZ FÜR CLEVERE KIDS

Bist du ein Lernprofi?

1. Was kannst du alles machen, wenn du lernen musst?

Schreibe so viele verschiedene Strategien wie möglich auf. Im letzten Kapitel wurden viele verschiedene Lerntricks vorgestellt. Welche könntest du verwenden?

Nimm jetzt einen bunten Stift und kreise alle Lerntricks ein, die dir besonders gut gefallen.

Welche möchtest du so bald wie möglich ausprobieren? Kreise auch die Lerntricks ein, die deiner Meinung nach am besten funktionieren.

Liebe Eltern.
Verrät Ihnen die Liste Ihres Kindes etwas darüber, welchen Lernkanal es bevorzugt verwendet?

2. Lerntricks anwenden

Lena geht schon ins Gymnasium. Sie lernt gerade die Länder Europas kennen und soll alle Ländernamen und deren Hauptstädte wissen. Leider gelingt ihr das nicht so gut. Dabei ist sie jetzt schon ziemlich lange bei der Sache. Sie hat eine Liste mit den Ländernamen, und die liest sie sich durch.

Was könnt Lena noch machen, um die Hauptstädte zu lernen?

3. Unsere Lernmaschine arbeitet in zwei Werkschritten.

Leider sind die Informationen ein bisschen durcheinander geschüttelt worden. Kannst du die Wörter entschlüsseln?

Werkschritt **ORTSIRENE**: Zunächst muss ich den Stoff verstehen. Der Werkschritt heiß richtig:

Werkschritt verpacken: Anschließend möchte ich alles **RIECHENSP**.

4. wichtig oder unwichtig?

Du möchtest folgenden Text für die Schule lernen. Was ist deiner Meinung nach wert, hervorgehoben zu werden? Unterstreiche die wichtigsten Wörter.

Tipp: Du kannst auch zu besonders wichtigen Stellen ein Rufzeichen malen!

Löwen[19]

Löwen können von allen Katzenarten auch am lautesten brüllen. Dieses Gebrüll kann noch in 8 km Entfernung gehört werden. Der Löwe ist mit Tiger, Leopard und Jaguar eng verwandt. Diese vier Großkatzen sind die Einzigen, die brüllen können.

Trotz ihres Spitznamens „König des Dschungels" leben die meisten Löwen in den freien, grasigen Ebenen von Afrika, die Savannen genannt werden. In antiken Zeiten streiften Löwen auf allen Kontinenten umher. Heutezutage sind sie meist in Zentralafrika und im südlichen Afrika zu finden. Einige leben auch in Asien.

Löwen fressen meist andere große Tiere wie Zebras, Gazellen und wilde Schweine. Löwen leben und jagen in Gruppen, „Rudel" genannt. Die Löwinnen tragen den Hauptanteil an der Jagd, da sie die schnelleren und besseren Jäger sind. Löwinnen können bei der Jagd eine Geschwindigkeit bis zu 55 km/h erreichen. Aber die meisten Beutetiere können viel schneller laufen als durchschnittliche Löwen. Aus diesem Grund müssen sich Löwen an die Beute anschleichen. Das Löwenfell hat die gleiche Farbe wie das Gras. Um noch besser getarnt zu sein, jagen Löwen hauptsächlich nachts.

Den Tag verbringen Löwen meist mit ihrer Lieblingsbeschäftigung: Schlafen! Ein durchschnittlicher Löwe schläft annähernd 20 Stunden pro Tag.

Lies dir den Text ruhig noch ein zweites Mal durch, und markiere wichtige Informationen, die dir beim ersten Mal vielleicht entgangen sind.

Die Antworten auf folgende Fragen solltest du schnell im Text finden können:
Welche Großkatzen können brüllen?
Wer geht auf die Jagd? Löwe oder Löwin?
In welchen Ländern gibt es Löwen?
Welche Tiere werden von Löwen gejagt?

5. Werbeplakat gestalten

Angenommen du hättest nächste Woche eine Prüfung über den Text, den du gerade gelesen hast. Dann wäre es eine gute Idee, ein Lernplakat dazu zugestalten. Welche Informationen könntest du zeichnen?

6. Werbeplakat aufhängen

Wo könntest du das Lernplakat aufhängen? Überlege dir, wo dir dein Werbeplakat auffallen würde.

7. Lernband anhören

Lena hat sich eine Zusammenfassung für den Stoff für ihren Biologietest auf Band aufgenommen. Jetzt überlegt sie, wo sie sich die Aufnahme überall anhören kann.

Was hast du für Ideen?

Lösungen: Für viele Fragen gibt es mehrere Antworten.
3. Der erste Werkschritt heißt „sortieren". Die zweite Antwort lautet „speichern".
4. Der Text sollte so unterstrichen sein, dass die Antworten auf die vier Fragen hervorgehoben sind.
5. Hier ein paar Ideen: Zeichne aus einem Atlas die Umrisse der Weltkarte ab und beschrifte die Kontinente, auf denen Löwen leben. Wenn du die Beutetiere des Löwens nicht selber zeichnen willst, kannst du sie auch aus einer Zeitschrift ausschneiden. Vielleicht findest du auch Bilder im Internet.
6. Viele Orte sind möglich. Ein guter Lernort ist das WC. Denn da musst du täglich hin und dann kannst du kurz einen Blick auf das Plakat werfen.

Mit den Tricks in diesem Kapitel können Sie Ihr Gedächtnis und das Ihrer Kinder trainieren. Sie werden stolz sein, zu welchen außergewöhnlichen Leistungen das menschliche Gedächtnis in der Lage ist!

Wir beginnen das Kapitel mit einem allgemeinen Gedächtnistraining. Hier werden zum Beispiel kleine Tipps und Tricks besprochen, die den Alltag erleichtern.

Bauen Sie Eselsbrücken mithilfe der Konstruktionsanleitungen des nächsten Abschnitts. Der Reihe nach lernen Sie immer komplexere Merksysteme kennen, mit denen sich auch große Informationsmengen kreativ bewältigen lassen.

Sie wollen die neu erlernten Gedächtnistricks natürlich so schnell wie möglich für den Schulerfolg nützen. Darum folgen eine Menge konkreter Beispiele, wie man sich etwa Zahlen oder Namen spielerisch merken kann oder wie man sich wichtige Rechtschreibregeln merkt.

MERKTRICKS

90 CLEVER MEMORY
Gedächtnistraining für Kids

- 90 Erinnerungshelfer: Gedächtnistricks im Alltag
- 95 Eselsbrücken: Gedächtnistricks für die Schule

101 MERKEN MIT SYSTEM
Mnemotechniken für Kids

- 102 Merkgeschichten: Wenn Märchen beim Erinnern helfen
- 103 Wissensraum: Das Klassenzimmer als Schummelzettel
- 105 Wissensburg: Lass deiner Fantasie freien Lauf!
- 107 Lernspaziergang
- 108 Body-Painting: Der Körper als Gedächtnishilfe

110 MERKTRICKS FÜR JEDEN FALL
Zahlen, Rechtschreibung und Details

- 110 Zahlenbilder: So merke ich mir jede Zahl
- 113 Rechtschreibtricks: Problemlos richtig schreiben
- 116 Details: Verwechslungen sicher vermeiden

QUIZ FÜR CLEVERE KIDS:
Bist du ein Gedächtniskünstler?   Seite 118

CLEVER MEMORY
Gedächtnistraining für Kids

Kinder entwickeln erst ein Metagedächtnis, das heißt, sie denken noch nicht über ihre eigenen Gedächtnisleistungen nach. Im Unterschied zu Ihnen machen sich die Kinder keine Sorgen über ihr Gedächtnis, wenn sie einmal ihren Schlüssel vergessen. Im Gegenteil, sie müssen erst lernen, dass man sich manchmal bemühen muss, im richtigen Moment an etwas zu denken. „Vergiss nicht, morgen die Turnsachen in die Schule mitzunehmen", löst etwa das Gefühl aus „Natürlich weiß ich, dass ich fürs Turnen meine Turnsachen brauche, darum werde ich sie wohl mitnehmen". Dass man dafür aber auch in der Früh daran denken muss, dass Turnunterricht stattfindet, ist wiederum eine ganz andere Sache.

Die Übungen in diesem Abschnitt dienen dazu, dass Ihr Kind Bewusstsein für sein eigenes Gedächtnis entwickelt und ein Gespür für „Vergessen" und „Merken" bekommt.

Erinnerungshelfer: Gedächtnistricks im Alltag

Georg lernt Französisch. Seine Schwester hilft und fragt die Vokabeln ab. Zum Beispiel fragt sie „demain" und Georg antwortet blitzschnell „morgen". Die meisten Vokabeln kann Georg sehr gut. „Aubergine" lautet die nächste Frage. „Eierfrucht" die richtige rasche Antwort. „Sehr gut!" Bevor die Schwester die nächste Frage stellen kann, fragt Georg: „Du, was ist eigentlich eine Eierfrucht?"

Es ist beeindruckend, dass Georg trotzdem lernen konnte, dass Aubergine Eierfrucht bedeutet, obwohl er keine Ahnung hat, was er eigentlich lernt. Das Gleiche passiert Jahr für Jahr, wenn hunderte Schüler Länder und die dazugehörigen Hauptstädte auswendig lernen, ohne irgendeinen Bezug zu ihnen zu haben.

Diese Informationen werden allerdings schnell wieder vergessen. Zu wenige Anknüpfungspunkte verankern sie im Gedächtnis.

Unser Gehirn ist sehr schlecht darin, sich Dinge zu merken, die wir nicht verstehen. Das haben Sie und Ihr Kind schon im letzten Kapitel gelernt.

Wenn wir lernen, verknüpfen wir neue Informationen mit Wissen, das wir schon im Kopf haben. Je mehr wir lernen, desto leichter wird es, weitere Daten aufzunehmen. Das fällt jedem auf, der einmal die zweite romanische Fremdsprache gelernt hat und Assoziationen zur ersten legen konnte.

Assoziationen und Verknüpfungen helfen beim Lernen. Mehr noch, Lernen ist nichts anderes als das Knüpfen von neuen Verbindungen und das Stärken von bestehenden Synapsen.

Dieses Assoziieren können Sie mit folgender Übung spielerisch trainieren:

`Tipp für clevere Kids:` **Verknüpfen!**
`Georg kann sich gut Bilder machen. Darum spielt er gerne das Spiel „Verknüpfen". Dazu nennt ihm ein Freund zwei Begriffe und er denkt sich ein Bild aus, das die beiden miteinander verknüpft. Wenn sein Freund zum Beispiel „Zaun" und „Ski" sagt, dann stellt sich Georg einen Zaun aus Skiern vor. Kannst du das auch?`

`Fällt dir irgendein Bild ein, das die beiden Wörter „Seil" und „Raupe" miteinander verknüpft?`

Kennen Sie das Wort „merkwürdig"? Was bedeutet „merkwürdig"? „Eigenartig", „verwunderlich", „seltsam", „abnorm" sagt das Synonymwörterbuch, ein Buch, das zu den verschiedenen Wörtern Wörter mit gleicher oder ähnlicher Bedeutung auflistet.

Aber was passiert, wenn wir das Wort in der Mitte auseinander teilen? Dann entsteht „merk"-„würdig"; Würdig, gemerkt zu werden.

Je komischer, lustiger, „merk-würdiger" etwas ist, desto eher werden wir es auch im Gedächtnis behalten.

Das gilt auch für Assoziationen, und gerade Kinder sind wahre Fantasie-Meister und sehr talentiert darin, merkwürdige Bilder zu kreieren. Sie können dieses Talent noch zusätzlich fördern und mit gezielten Fragen steuern. Fragen Sie zum Beispiel nach allen Sinneseindrücken. „Wie würde sich das anfühlen? Wie riechen, klingen, aussehen …" Fordern Sie Ihr Kind auch dazu auf zu übertreiben. Objekte dürfen überdimensionale Größen annehmen.

Tipp für clevere Kids: Hier findest du eine Liste mit Worten, die du miteinander verknüpfen kannst. Lass dir möglichst bunte, lustige, lebendige Bilder einfallen!

Käse – Baum
Fisch – Kastanie
Vorhang – Perle
Fensterbrett – Seidentuch
Sonne – Hubschrauber
Kugel – Buch
Tulpe – Hammer
Apfel – Löwe
Clown – Wasserfall
Springschnur – Zebra

Zeichne die Verknüpfung, die dir am besten gefallen hat.

Was zunächst wie spielerischer Zeitvertreib erscheint, entpuppt sich schnell als Merkhilfe.

Überprüfen Sie die Erinnerung Ihres Kindes, indem Sie immer einen der Begriffe eines Assoziationspaares nennen und nach dem anderen fragen.

Erfolgreich?

Erinnerungshelfer

Diesen Effekt wollen wir gleich praktisch nützen.

Kennen Sie das auch? Man liegt am Abend müde im Bett, unter der warmen Decke. Während man so vor sich hindöst, denkt man noch einmal zurück an den letzten Tag. Schließlich denkt man voraus, denkt an den nächsten Tag und überlegt, was man so unternehmen wird. Und da fällt es einem auf einmal ein! Morgen ist ja Mittwoch, da ist immer Turnen, und zum Turnen braucht man die Turnsachen. Die wollen wir nicht wieder vergessen!

Und jetzt hat der Schüler/die Schülerin zwei Möglichkeiten: Hinaus aus dem warmen Bett und hinein ins kalte Zimmer kriechen, den Turnsack neben die Schultasche legen, damit man ihn am nächsten Tag mitnimmt. Möglichkeit 2: Man dreht sich um und denkt sich: „Den nehm ich morgen Früh schon mit."

Leider funktioniert das nicht immer. Darum gibt es die Möglichkeit, einen Erinnerungshelfer zu basteln. Das funktioniert so.
1. Zunächst überlegt man sich, **WANN** man sich erinnern möchte. Das ist schließlich das Wichtige. Denn jeder Schüler/jede Schülerin weiß ja, dass er/sie für Turnen Turnsachen braucht. Er/sie muss halt im richtigen Moment daran denken. Das „Wann" ist in unserem Beispiel „in der Früh", also zum Beispiel, wenn der Wecker läutet.
2. Außerdem müssen wir natürlich wissen, **WAS** wir uns merken wollen. Das wären die Turnsachen, die unser Schüler/unsere Schülerinnen am nächsten Tag braucht.

Jetzt machen wir das, was Ihr Kind bereits geübt hat: Wir verknüpfen Wecker und Turnsachen in einem merkwürdigen Bild. Wir können uns zum Beispiel vorstellen, wie der Wecker witzige Turnüben macht, sich streckt und dehnt und dadurch den läutenden Lärm verursacht!

Knoten im Taschentuch

Noch sicherer funktionieren Erinnerungshelfer, wenn man sie mit einem „Knoten im Taschentuch" verbindet. Ein Hinweis, der im richtigen Moment auffällt, versichert, dass wir auch an unseren Erinnerungshelfer denken.

So können wir zum Beispiel am Abend den Wecker vom Nachttisch auf den Fußboden stellen. Wenn wir uns in der Früh wundern, was der Wecker da soll, fällt uns ein, dass dieser nur im Zuge seiner Turnübungen da gelandet sein kann …

Tipp für clevere Kids: Falls du keinen Wecker hast, kannst du auch ein Kuscheltier oder ein Kissen auf den Fußboden legen. Alles, was dir in der Früh auffällt, wenn du aufstehst, ist als Hinweis geeignet!

Sie können diese Erinnerungshelfer auch nützen, wenn Sie wollen, dass Ihr Kind in der Schule an etwas denkt. Haben Sie einen wichtigen Brief für den Lehrer geschrieben und hat Ihr Kind schon zweimal vergessen, ihn abzugeben? Erklären Sie Ihrem Kind beim Frühstück noch einmal, dass es den Brief heute wirklich abgeben soll.

Damit es das nicht vergisst, kommt ein Stofftier mit in die Schule, das das Kind dort erinnern soll. Stecken Sie ein Stofftier in die Schultasche. Sie können das Bild noch verstärken und sagen „Heute arbeitet das Stofftier-Känguruh als Briefträger. Es hat den Brief für den Lehrer im Beutel versteckt und mit seinen kräftigen Beinen hüpft es in die Schule."

Tipp für clevere Kids: Du kannst dem Erinnerungsstofftier auch einen lustigen Namen geben. Wenn es in deiner Schultasche ist, will es dich an etwas Wichtiges erinnern!

Eselsbrücken: Gedächtnistricks für die Schule

Merkbilder

Bevorzugt Ihr Kind wie so viele andere SchülerInnen den optischen Lernkanal? Dann sind Merkbilder eine optimale Methode, um schwierige Wörter abzuspeichern.

Beispiel:

Die Sonne geht im sten auf.

ihn schreibt man mit stummen **h**, weil „er" auf dem h sitzt.

Tipp für clevere Kids: So malst du ein Merkbild.
Schreib ein schwieriges Wort, das du dir merken willst, mit großen Buchstaben auf ein Blatt Papier. Wenn es um Rechtschreibung geht und du einen wichtigen Buchstaben nicht vergessen willst, schreibe ihn besonders groß.

Überlege dir jetzt, was das Wort bedeutet oder was dir dazu einfällt. Kannst du das Wort zeichnen?

Fällt dir irgendein lustiges Bild ein, das Schriftzug mit Bedeutung verbindet?

Hier ein paar Übungen:
Vase: Stell dir vor, du möchtest ein Merkbild malen, um dir zu merken, dass man Vase mit „V" schreibt.
Zeppelin: Luftschiffe schweben, weil sie mit Gas gefüllt und deswegen so leicht sind. Sie sind nach ihrem Erfinder Graf Zeppelin benannt. Schreib das Wort Zeppelin so, dass es dich an ein Luftschiff erinnert.
Fuß: Zeichne ein Merkbild, mit dem du festhältst, dass man Fuß mit „ß" schreibt.

Kapitel 5: Merktricks

Es gibt keine richtigen und falschen Merkbilder. Hier sind Beispiele für mögliche Lösungen:

Merkbilder speichern

Hängen Sie die Merkbilder in der Wohnung auf: auf den Spiegel im Badezimmer, an die WC-Tür, auf den Kühlschrank und neben den Fernseher …

Merkwörter

Merkwörter sind kleine Hilfswörter, die wir uns leichter merken können. Sie erinnern uns dann an den schwierigen Begriff.

Beispiel: Auf Englisch heißt die Briefmarke „stamp". Das klingt so ähnlich wie „stempeln". Eine Briefmarke muss gestempelt werden, darum kann man sich den Namen „stamp" gut merken.

Schwieriges Wort	Schlüsselwort	Eselsbrücke
Stamp – Briefmarke	Stempeln	Briefmarke „stamp" wird gestempelt
Zirkulation – Umlauf, Kreislauf	Zirkel	Mit einem Zirkel kann man einen Kreis(lauf) zeichnen
Neuron – Gehirnzelle	Neu	Mit Hilfe von Gehirnzellen kannst du Neues lernen.

Tipp für clevere Kids: So findest du geeignete Merkwörter. Sag dir das Wort, das du dir merken möchtest, laut vor. Erinnert es dich an ein bekanntes Wort? Lies den Begriff und finde ein einfacheres Wort, das so ähnlich klingt. Vielleicht fällt dir ja sogar ein Wort ein, das sich auf den Begriff reimt?!

Hier ein paar Übungen:
Tomahawk: Beil, das die Indianer im Kampf verwenden
Ankara: Hauptstadt der Türkei
belt: englisch für Gürtel

Sicher hattest du tolle Ideen. Falls nicht, hier ein paar Vorschläge:

Schwieriges Wort	Schlüsselwort	Eselsbrücke
Tomahawk – Indianerbeil	Tom hackt	Ein Indianer namens Tom hackt mit seinem Beil.
Ankara – Hauptstadt der Türkei	Anker	Ein Schiff ankert in der Türkei.
Belt – Gürtel	Bellt	Jetzt ist Kreativität gefragt: Stell dir einen bellenden Gürtel vor!

Sie können die schwierigen Wörter noch zusätzlich üben, indem Sie die Buchstaben von A bis Z auf kleine Karten schreiben. Wählen Sie die Buchstaben aus, aus denen das Wort besteht, und legen Sie sie wahllos verteilt auf den Tisch.

Nun können Sie Ihr Kind nach dem Wort fragen (also zum Beispiel: Wie heißt die Hauptstadt der Türkei?). Das Kind darf entweder gleich antworten oder das Wort aus den Buchstaben legen.

Notizen:

Merksätze

„753 – Rom schlüpft aus dem Ei", „Ein Anfänger der Gitarre hat Eifer", „he, she, it, das s muss mit"… kennen Sie noch Merksprüche aus Ihrer eigenen Schulzeit? Derartige Eselsbrücken können Sie auch selber bauen. Dazu brauchen Sie nur die richtige Bauanleitung.

Machen Sie zunächst folgende Übung:
Schreiben Sie zehn Wörter auf, die mit dem Buchstaben „R" beginnen.

Fertig? Dann schreiben Sie jetzt zehn Wörter auf, die auf „R" enden.

Was ist Ihnen leichter gefallen? Wahrscheinlich der erste Teil. Anfangsbuchstaben sind eine gute Hilfe, wenn wir in unserem Gedächtnis auf der Suche nach dem richtigen Wort sind. Nicht umsonst hilft es, wenn der Lehrer bei der Prüfung den ersten Buchstaben eines gesuchten Begriffes verrät …

Möglichkeit 1: Anfangsbuchstaben

Die vier Himmelsrichtungen Norden Osten Süden Westen kann man sich mit folgendem Merkspruch merken: Nie Ohne Seife Waschen.

Die Planeten unseres Sonnensystems heißen der Reihe nach Merkur, Venus, Erde, Mars, Jupiter, Saturn, Uranus, Neptun.
(Pluto ist ein Zwergplanet und daher seit 2006 nicht mehr in der Liste der Planeten enthalten.)

Ein Merkspruch erleichtert das Einprägen: Mein Vater erklärt mir jeden Sonntag Unseren Nachthimmel.

Tipp für clevere Kids: Wenn du dir eine kurze Liste mit Begriffen merken musst, ziehst du am besten die Anfangsbuchstaben in einer kräftigen Farbe nach. Versuch dann, ein Wort oder einen Satz zu finden, der diese Buchstaben miteinander verbindet.

Zum Üben: Erinnerst du dich an den Text über Löwen, den du im letzten Kapitel gelesen hast? Es gibt vier Großkatzen, die brüllen können.
Das sind **L**öwe, **T**iger, **L**eopard und **J**aguar. Fällt dir ein Merksatz ein? Die Buchstaben müssen nicht in der richtigen Reihenfolge vorkommen.
Wie lautet dein Satz?
Eine mögliche Eselsbrücke lautet: Großkatzen, die brüllen können, **j**agen **t**rotzdem **l**ieber **l**eise.

Möglichkeit 2: Reime

Sehen Sie sich die Begriffe, die auf „R" enden, genauer an. Fällt Ihnen etwas auf? Möglicherweise reimen sich viele Worte, die Sie gefunden haben. Auch Reime helfen uns, gesuchte Begriffe wiederzufinden. Wir können uns also Eselsbrücken bauen, indem wir Reime erfinden.

Beispiel: Granit besteht aus Feldspat, Quarz und Glimmer.
Ein granit-harter Merkspruch:
Feldspat, Quarz und Glimmer,
die drei vergess' ich nimmer.

Oder, für den Lauf der Sonne auf der Nordhalbkugel:
Im **Osten** geht die Sonne auf,
im **Süden** nimmt sie ihren Lauf,
im **Westen** wird sie untergehn,
im **Norden** ist sie nie zu seh'n.

Tipp für clevere Kids: **Steckt in dir ein Poet?** Dann erfinde doch ein Merkgedicht. Das machst du so: Wenn du dir ein schwieriges Wort merken möchtest, überlege dir, welche Wörter sich darauf reimen. Wenn dir gar nichts einfällt, geh der Reihe nach alle Buchstaben des Alphabets durch und hänge die letzten Buchstaben des schwierigen Wortes daran. Mit ein bisschen Glück ist ein Reimwort dabei.

Zum Üben: Das englische Wort für Kleid lautet „dress". Fallen dir Wörter ein, die sich auf „dress" reimen? Hast du an eines der folgenden Wörter gedacht?

A		K	Kess	R	
B		L	less (englisch für weniger)	S	
C				T	
D	des	M	mess (englisch für weniger)	U	
E				V	
F		N	ness (so wie Loch Ness)	W	
G				X	
H		O		Y	yes
I		P		Z	
J		Q			

Du könntest dir zum Beispiel merken: Das Kleid (dress) ist kess!

Möglichkeit 3: kurze Werbesprüche

Wie erwähnt ist die Werbeindustrie ein guter Lehrmeister effektiver Merkstrategien. Werbesprüche, die uns nicht und nicht aus dem Kopf gehen, sind meistens kurz und einprägsam und werden oft wiederholt. Wenn Sie wollen, dass Ihrem Kind etwas nicht aus dem Kopf geht, formulieren Sie es also am besten auch kurz und prägnant und wiederholen den Satz regelmäßig. Erinnern Sie sich an die Eselsbrücke „Punkt vor Strich" aus der Mathematik? (Punktrechnungen wie **x** und **:** werden vor Strichrechnungen wie **+** und **–** gerechnet.) Diese Eselsbrücke nützt weder Anfangsbuchstaben noch Reime, trotzdem hat sie sich ins Gedächtnis von vielen Menschen einge**präg**t, einfach weil sie so kurz und **präg**nant ist.

Liebe Eltern.
Sie können die Merksätze mit Ihrem Kind üben, indem Sie die einzelnen Wörter auf kleine Kärtchen schreiben. Ihr Kind darf die richtigen Sätze zusammensetzen.

MERKEN MIT SYSTEM
Mnemotechniken für Kids

Die ältesten Schriften über Gedächtnistechniken stammen von Aristoteles. Er war der Erste, der auf die Idee kam, durch Ordnung und Assoziation Erinnerung zu erleichtern, und legte den Grundstein für unsere Mnemotechniken:

So behalten wir manches, was wir einmal gesehen haben,
eher im Gedächtnis als anderes, was wir oft gesehen haben.

Aristoteles [20]

Mnemotechniken basieren auf der Erkenntnis, dass wir nicht nur durch Wiederholung lernen, sondern unser Gehirn wichtige, **bemerkenswerte** Informationen speichert, sofern es sie in das bestehende Erinnerungsnetzwerk einbauen kann.

Die griechischen und römischen Redner verwendeten Mnemotechniken, um sich ihre langen Reden zu merken. Da früher vieles nicht niedergeschrieben war, sondern nur durch Erzählungen weitergegeben wurde, waren die Menschen auf ein gutes Gedächtnis angewiesen.

Heute sind diese Techniken durch die Existenz von Terminkalendern, Notebooks, Handyspeichern und anderen Gedächtnishilfen ziemlich in Vergessenheit geraten.

Gehen Sie auf mit Hilfe dieses Kapitels auf Entdeckungsreise und finden Sie altbewährte Gedächtnistricks!

Merkgeschichten: Wenn Märchen beim Erinnern helfen

Wenn Sie Ihrem Kind ein Buch vorlesen, hört es gebannt zu. Genauso spannend kann es sich seinen eigenen Lernstoff gestalten. Eine Liste von Begriffen wird fantasievoll gelernt, wenn man eine lustige oder aufregende Geschichte mit ihnen erzählt.

Beispiel: Die sieben Weltwunder der Antike
1. Die hängenden Gärten der Semiramis zu Babylon
2. Der Koloss von Rhodos
3. Das Grab des König Mausolos II. zu Halikarnassos
4. Der Leuchtturm auf der Insel Pharos vor Alexandria
5. Die Pyramiden von Gizeh in Ägypten
6. Der Tempel der Artemis in Ephesos
7. Die Zeusstatue des Phidias von Olympia

Anita begibt sich auf eine Zeitreise zurück in die Antike. Doch die Landung mit der Zeitmaschine ist nicht ganz unproblematisch: Sie bleibt in einem Garten hängen (die hängenden Gärten).

Sie klettert aus der Zeitmaschine und erkundet die Gegend. Auf einmal sieht sie einen riesigen Koloss (Koloss von Rodos). Vor Angst läuft sie davon. Da stolpert sie über einen Grabstein. „Fasst wäre ich zu Tod erschrocken" (Grab von König Mausolo), denkt sie. Da sieht sie in der Ferne ein Licht. Sie läuft darauf zu und erreicht das Meer. Das Licht kommt von einem wunderschönen Leuchtturm (Leuchtturm der Insel Pharos von Alexandria).

Im Licht des Leuchtturms erkennt sie aber ein anderes interessantes Bauwerk. Eine Pyramide (Pyramiden von Gizeh in Ägypten). Sie klettert bis auf die Spitze und blickt auf den Horizont. In der Ferne sieht sie einen Tempel (Tempel der Artemis in Ephesos). Sie würde den Tempel gerne aus der Nähe betrachten, doch sie hat keine Lust, so weit zu laufen. Es ist schon spät und sie geht zurück zur Zeitmaschine. Dort trifft sie Zeus (Zeusstatue des Phidias von Olympia). Anita verabschiedet sich von ihm und der Antike und fliegt zurück.

Ihr Kind kann auch selber derartige Lern-Märchen erzählen. Je absurder, desto besser.

Tipp für clevere Kids: Das sind die großen Ozeane auf der Erde:
- der Arktische Ozean (Nordpolarmeer)
- der Atlantische Ozean (Atlantik)
- der Indische Ozean (Indik)
- der Pazifische Ozean (Pazifik, auch Stiller Ozean)
- der Südliche Ozean (Südpolarmeer)

Begib dich mit deinem kleinen Segelboot auf eine Reise und erzähle eine Geschichte, mit der du dir die fünf Gewässer merken kannst.

Merkgeschichten speichern:

Zur Übung kann die Geschichte aufgeschrieben werden. Wer nicht gerne schreibt, darf auch eine Bildergeschichte zeichnen.

Löschen Sie einige Stellen der Geschichte und entwickeln Sie so einen Lückentext. Ihr Kind soll die fehlenden Worte einsetzen.

Wissensraum: Das Klassenzimmer als Schummelzettel

Bei dieser Methode nützen Sie einen realen oder erfundenen Raum als Merkstütze. Sie suchen sich so viele Positionen, wie sie brauchen. Sehen Sie sich dazu im Uhrzeigersinn im Raum um. Welche markanten Stellen können Sie verwenden?

Anschließend stellen Sie sich die einzelnen Begriffe der Reihe nach an den gewählten Positionen vor. Wie immer sollten diese Bilder möglichst merkwürdig sein.

Kapitel 5: Merktricks

Beispiel: Die Bundesländer Österreichs lauten:
Vorarlberg – Tirol – Salzburg – Oberösterreich – Niederösterreich – Wien – Burgenland – Steiermark – Kärnten

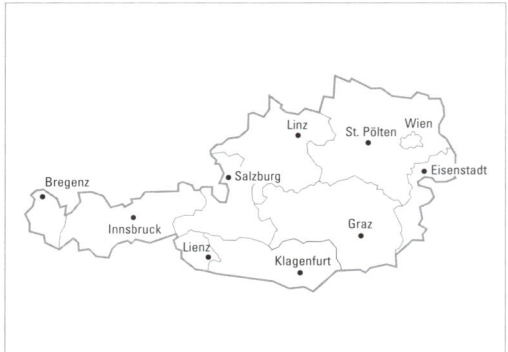

So könnte das Zimmer[21] von einem Schüler aussehen:

Wir brauchen neun Positionen, um alle Bundesländer unterzubringen. Wir beginnen links im Bild und gehen den Raum im Uhrzeigersinn ab:

Schubladen – Fenster – Mistkübel – Schreibtisch – Sessel – Kasten – Bett – Nachttisch – Teppich
– Hinter der Schublade ist ein Berg, deswegen steht sie so weit vorne. **(Vorarlberg)**
– Draußen vor dem Fenster steht ein Tier in Lederhosen und mit **Tirol**erhut. (Tirol)
– Im Mistkübel finden wir eine **Burg aus Sand**. **(Salz-burg)**
– **Oben** auf dem Schreibtisch liegt Oberösterreich.
– Darunter, **nieder**, liegt Niederösterreich unter dem Sessel.
– Im Kasten liegt ein Paar **Wien**er Würstel (Wien).
– Auf dem Bett bauen wir viele Burgen. Hier entsteht ein richtiges **Burgen-land**.
– Am Nachttisch liegen heilige Eier. **(St. Eier-Mark)**
– Der Teppich besteht aus **Kä**se. (Kärnten)

Liebe Eltern.
So üben Sie mit dem Wissensraum: *Gehen Sie mit Ihrem Kind quer durch den Raum. Das Kind soll an den jeweiligen Positionen die entsprechenden Begriffe so schnell wie möglich nennen.*

Wissensburg: Lass deiner Fantasie freien Lauf!

Tipp für clevere Kids: Du kannst dir auch Fantasiegebäude ausdenken. Alles, was du dir merken willst, hat in diesen Wissensburgen Platz! Lass deiner Fantasie freien Lauf und denke dir verschiedene kreative Bauwerke aus!

Beispiel: Deutschland hat sechzehn Bundesländer. Das ist ganz schön viel.

An einem Wissensraum hätten wir nicht genug, darum denken wir uns eine Wissensburg aus: **Die Wissensburg Deutschland!**

Die Wissensburg hat drei Stockwerke. Oben sind drei Burgzinnen und das Dach. In der Burg sind viele verschiedene Räume.

Unten im Erdgeschoss ist Zugang für alle. Hier ist auf der linken Seite ein großes Bad (Baden-Württemberg), rechts finden wir ein Bierlokal (Oktoberfest – Bayern).

Einen Stock höher ist erst die richtige Tür in unsere Burg (Thüringen). Rechts davon befindet sich die Abstellkammer. Hier finden wir alle wichtigen Sachen (Sachsen). Links von der Tür ist der Speisesaal. Hier gibt es herrliches Essen (Hessen). Die Nahrungsmittel kommen aus dem Feld, das

Kapitel 5: Merktricks

im Raum ganz am Rand angebaut wird. Hier wird jedes Jahr Saat über das Land verstreut (Saarland). Damit diese Landwirtschaft genug Wasser hat, wurde hier der Fluss Rhein angelegt (Rheinland-Pfalz). Er ist auch für die Wasserversorgung vom Bad einen Stock tiefer zuständig.

Somit kommen wir bereits in das oberste Stockwerk. Über dem Rhein, also sozusagen im Norden davon, liegt Nordrhein-Westfalen. Wenn man von hier weiter nach links, also Richtung Westen, geht, fällt man hinunter. (West-falen) Darum setzen wir uns lieber nebenan in das gemütliche Wohnzimmer. Hier stehen viele gemütliche Stühle zum Niedersetzen. (Niedersachsen) Daneben ist das Schlafzimmer, das ist das einzige Zimmer, wo wir nicht unsere Sachen anhalten (Sachsen-Anhalt), sondern uns umziehen und ins Bett legen.

Nebenan ist der Ofen der Wissensburg Deutschland. Hier brennt ein warmes Holzfeuer (Brandenburg).

Das waren schon alle Räume. Zum Schutz der Burg gibt es drei Burgzinnen. Auf der einen stehen die Bremer Stadtmusikanten (Bremen) und bewachen die Festung. In der Mitte liegen Hamburger (Hamburg) zur Stärkung. Auf der dritten Zinne sitzt ein Bärli (Berlin).

Das Dach unserer Burg hat zwei Hälften. Die eine ist ein bisschen schleißig gebaut worden. Sie besteht aus hohlem Stein (Schleswig-Holstein). Jetzt muss die andere Hälfte des Daches die ganze Last tragen. Darüber meckert sie ständig (Mecklenburg-Vorpommern).

Tipp für clevere Kids: Wie stellst du dir die Wissensburg vor? Zeichne sie und hänge das Bild in deinem Zimmer auf! Auf der nächsten Seite findest du eine Vorlage. Lies dir den Text noch einmal durch und zeichne die einzelnen Räume.

Lernspaziergang

Abgesehen von Räumen können auch Wege als Gedächtnisstütze funktionieren. Dazu nehmen wir einen Weg, den wir gut kennen, also zum Beispiel den Schulweg, und überlegen uns, an welchen markanten Stellen wir vorbeikommen. Mit diesen Wegmarken verknüpfen wir dann die Begriffe, die wir lernen wollen.

z. B.: Paarhufer

Paarhufer sind Säugetiere, die zwei (oder vier) Zehen haben. Einige bekannte Paarhufer sind:
Rind – Schwein – Kamel – Ziege – Schaf – Giraffe - Flusspferd – Hirsch – Antilope

Als Route nehmen wir einen möglichen Schulweg. Dieser sieht so aus:
Haustür – Gartenweg – Bahnschranken – Ampel – Bäcker – Schultor – Stiegenhaus – Klassenzimmertür
- Vor der Haustür steht ein Rind und schaut uns aus großen Augen an.
- Am Gartenweg wälzen sich Schweine im Schlamm.
- Wir kommen zur Bahnschranke, hier steht ein Kamel mit zwei Höckern.
  ....

Setzen Sie die Reihe fort und stellen Sie sich die Tiere an den entsprechenden Stellen vor. Am besten funktioniert der Lernspaziergang mit Wegen, die Ihr Kind tatsächlich kennt und regelmäßig entlang geht.

`Tipp für clevere Kids:` Denk an deinen eigenen Schulweg und suche dir neun markante Stellen aus. Stell dir vor, wie du an den verschiedenen Positionen die Paarhufer triffst.

Den Lernspaziergang speichern:
Gehen Sie mit Ihrem Kind die Strecke ab und fragen Sie an den entsprechenden Stellen nach den Begriffen.

Body-Painting: Der Körper als Gedächtnishilfe

Der eigene Körper ist eine großartige Merkhilfe, denn ihn haben wir immer dabei.

Welche Körperteile eignen sich als Anker für wichtige Begriffe?
Beispiel: **Füße – Knie – Po – Bauch – Brust – Arme – Hände – Rücken – Hals – Kopf**
Sie können Body-Painting aber auch nur im Gesicht verwenden.
Beispiel: **Mund – Nase – Augen – Ohren – Kinn – Wangen – Haare**

Wie immer können Sie sich jetzt alles, was Sie sich merken wollen, an den entsprechenden Stellen vorstellen.

Beispiel: Einkaufsliste

Milch – Zucker – Butter – Brot – Honig – Tomaten – Zahnpasta

- Milch wird gierig getrunken.
- Den Zucker stopfen wir uns in die Nase.
- Mit der Butter schmieren wir uns die Augen ein, das verklebt die Wimpern.
- Brotkrümel werden als Lärmschutz in die Ohren gestopft.
- Honig tropft uns vom Kinn.
- Unsere rote Backen leuchten wie Tomaten.
- Zahnpaste verklebt unsere Haare.

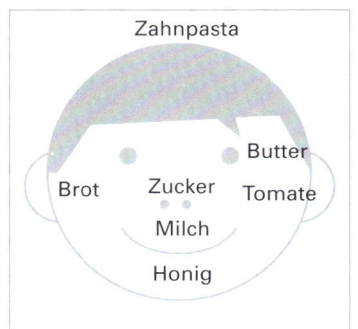

Tipp für clevere Kids: Wenn dich deine Eltern das nächste Mal einkaufen schicken, kannst du dir mithilfe von Body-painting alles ganz einfach merken!

Übe doch gleich und merke dir die Namen von wichtigen Ausrüstungsgegenständen der Indianer:

WAFFEN UND AUSRÜSTUNG der Indianer
- Bogen (von Pfeil und Bogen)
- Friedenspfeife
- Mokassin (eine Art Schuh)
- Speer
- Tomahawk (ein Beil)
- Wigwam (Zelt)

Body-Painting für immer:

Festigen Sie das Wissen, indem Sie das Kind ab und zu abfragen, indem Sie zum Beispiel auf das Knie zeigen. Dieses Spiel kann beim Anziehen oder im Bad gespielt werden.

MERKTRICKS FÜR JEDEN FALL
Zahlen, Rechtschreibung und Details

Zahlenbilder: So merke ich mir jede Zahl

Verwandeln Sie die abstrakten Ziffernsymbole in kreative Bilder. Zu jeder Zahl können lustige Figuren assoziiert werden:

Beispiel: Die Zahl 2 hat die gleiche Form wie ein Schwan.

Tipp für clevere Kids: Woran erinnern dich die verschiedenen Zahlen? Lass dir passende Bilder einfallen! Zeichne sie in die Tabelle.

1 z. B. Kerze, Baum, Turm	**2** z. B. Schwan, Schlange, Elefant
3 z. B. Berg, Hintern, Welle	**4** z. B. Sessel, Segelschiff, Tanne
5 z. B. Apfel, Hand, Fahrrad	**6** z. B. Kirsche, Brille, Korb
7 z. B. Fahne, Tür, Sense	**8** z. B. Schneemann, Sanduhr, Achterbahn
9 z. B.: Luftballon, Schnecke, Schlecker	**0** z. B. Ball, Smiley, Ei

So üben Sie die Zahlenbilder mit Ihren Kindern:
Besorgen Sie sich in einem Spielegeschäft einen zehnseitigen Würfel und lassen Sie das Kind würfeln und die Bilder üben.

Sie können auch einfache Rechnungen mit den Zahlenbildern aufschreiben (z. B. Schneemann – Fahne). Das Kind muss dann die richtige Lösung nennen (z. B. Kerze).

Zahlenbilder als Eselsbrücke

Sie können die Zahlenbilder nützen, um sich Eselsbrücken zu wichtigen Zahlen zu machen.

Beispiel: Spinnen haben acht Beine.
Zwei Spinnen fahren gemeinsam in der Achterbahn! Die Achterbahn sieht aus wie ein Spinnennetz.

Tipp für clevere Kids: Mach dir mithilfe deiner Zahlenbilder Eselsbrücken zu folgenden Informationen:
- Für den Lehrausgang am nächsten Tag brauchst du 5 Euro.
- Ein Kind macht mit ca. 1 Jahr seine ersten Schritte.
- Insekten haben 6 Beine.
- Unser Sonnensystem hat 8 Planeten.

Sind dir gute Eselsbrücken eingefallen? Wenn nicht, hier ein paar Ideen:

- Für den Lehrausgang am nächsten Tag brauchst du 5 Euro.
  Stell dir vor, du hättest einen Geldschein in der Hand (fünf Finger).
- Ein Kind macht mit ca. 1 Jahr seine ersten Schritte.
  Ein Kleinkind läuft mit einer Kerze in der Hand.
- Insekten haben 6 Beine.
  Um den Picknickkorb schwirren Wespen.
- Unser Sonnensystem hat 8 Planeten.
  Der Schneemann besteht aus Planeten statt aus Schneekugeln.

Kapitel 5: Merktricks

Zahlenbilder als Mnemotechnik

Sobald Ihr Kind die Zahlenbilder gut beherrscht und automatisch an die entsprechenden Symbole denkt, wenn es eine Ziffer sieht, können Sie die Liste auch verwenden, um sich Aufzählungen zu merken.

Beispiel: **Die 10 Baderegeln**[22]

1. **Gesundheit:** Wenn du schwimmen gehst, musst du gesund sein!
2. **Hinweisschilder beachten:** Auf den Hinweisschildern kannst du lesen, was im Schwimmbad erlaubt und was verboten ist. Daran musst du dich halten!
3. **Duschen, abkühlen:** Geh erst dann ins Wasser, wenn du dich geduscht und abgekühlt hast!
4. **Kältegefühl:** Bleib nicht im Wasser, wenn dir kalt ist, du kannst sonst Krämpfe bekommen! Krämpfe sind für den Schwimmer gefährlich!
5. **Ohrenerkrankungen:** Wenn du Ohrenschmerzen oder eine Ohrenverletzung hast, darfst du nicht schwimmen, springen oder tauchen!
6. **Essen:** Wenn du viel gegessen hast, warte eine Stunde, bevor du wieder ins Wasser gehst.
7. **Starke Sonne:** Schütz dich vor der Sonne (Sonnencreme, Kappe, T-Shirt)! Wenn dir heiß ist, darfst du nicht ins kalte Wasser springen!
8. **Übermut:** Lass dich von anderen nicht dazu überreden, etwas zu tun, was du nicht gut kannst (weit hinausschwimmen, ins Wasser springen oder tauchen).
9. **Springen:** Spring nur dort ins Wasser, wo es erlaubt ist! Du darfst dabei niemanden in Gefahr bringen! Spring ja nicht in Gewässer, die du nicht kennst, es könnten viele Gefahren lauern!
10. **Vorsicht im Erlebnisbad:** Im Erlebnisbad sind oft viele Menschen. Beobachte daher auch die Leute in deiner Umgebung! Ruf Hilfe herbei, wenn jemand in Gefahr ist!

Assoziieren Sie dazu die einzelnen Punkte mit den Zahlenbildern. z. B.:

Nr.	Zahlenbild	Merken!	Eselsbrücke
1	Baum	Gesundheit	Im Baum hängt ein Fieberthermometer.
2	Schwan	Hinweisschilder	Der Schwan liest die Hinweisschilder.
3	Berge	Dusche	In den Bergen regnet es.
4	Sessel	Kälte	Ein Stuhl aus Eis
5	Hand	Ohren	Du hälst dir mit den Händen die Ohren zu.
6		Essen	
7		Sonne	
8		Übermut	
9		Springen	
10		Vorsicht Erlebnisbad	

Tipp für clevere Kids: Setze die Liste selber fort und vervollständige die Tabelle! Lies dir dazu erst die Baderegel durch und überleg dir dann eine Eselsbrücke!

Rechtschreibtricks: Problemlos richtig schreiben

Jedes Kind hat seine „Problemwörter", einzelne Rechtschreibregeln müssen gezielt geübt werden. Doch wer hat schon Lust, die schwierigen Wörter einfach oft untereinander aufzuschreiben? Kreative Merktricks verschaffen Abhilfe und Rechtschreibung kann spielerisch gelernt werden:

Gruppenfoto[23]

Wählen Sie ein Rechtschreibthema, zum Beispiel „V" oder „ß". Veranstalten Sie gemeinsam mit Ihrem Kind ein Brainstorming und finden Sie so viele Wörter wie möglich, die der Rechtschreibregel entsprechen.

Anschließend können Sie die Begriffe in einem Rechtschreibbild zusammenfassen. Wählen Sie dazu die Wörter auf, bei denen in der Vergangenheit häufig Fehler aufgetreten sind. Lassen Sie die Wörter für ein Gruppenfoto zusammenkommen.

Beispiel: Wörter mit „ß"
Brainstorming: Straße, Fuß, Maßband, Großmutter ...
Gruppenfoto: Die Großmutter steht auf der Straße, um ihren Fuß liegt ein Maßband...

Tipp für clevere Kids: Das kannst du auch! Lass alle V-Wörtern, die du kennst, für ein Gruppenfoto zusammenkommen! Zeichne das Bild so, wie du es dir vorstellst, und hänge es auf die Pinwand bei deinem Schreibtisch.

Liebe Eltern: Um Verwechslungen zu vermeiden, ist es wichtig, dass Sie keine ähnlichen Wörter hintereinander üben. Erfinden Sie darum keine Rechtschreibgruppen für ß- und ss-Wörter am selben Tag. Auch „V" und „F" müssen eindeutig getrennt geübt werden!

Wortbilder

Anstatt das Problemwort dreimal untereinander schreiben zu lassen, wird es nur ein einziges Mal geschrieben, dafür **merkwürdig**.

Wählen Sie ein Problemwort und überlegen Sie gemeinsam mit dem Kind, wo die Schwierigkeit liegt. Genau diese Buchstaben werden jetzt besonders lustig geschrieben.

Beispiel: kü**SS**en

Tipp für clevere Kids: Kannst du das auch? Schreibe folgende Wörter so auf, dass du dir ganz leicht merken kannst, wie man sie schreibt:
– Stadt
– Waage
– Rhythmus

Und, sind dir Bilder eingefallen?
Vielleicht schauen Sie ja so oder so ähnlich aus:

Stadt

(Das Hochhaus passt nur zwischen d und t, wenn sie in der richtigen Reihenfolge geschrieben werden!)

Wenn du dir das nächste Mal ein schwieriges Wort merken willst, mach es genauso! Die Wortbilder kannst du dir dann auf die Pinnwand vor deinem Schreibtisch hängen!

Kopfkino

Viele Volksschullehrer wenden diese Übung bereits jahrelang erfolgreich an. Auch außerhalb der Schule können Sie mit Ihren Kindern im Kopfkino Rechtschreibung üben und das geht so:

Das schwierige Wort wird richtig auf ein Blatt Papier geschrieben und Ihr Kind sieht es sich in Ruhe an. Dann schließt es die Augen und stellt sich das Wort vor. Es kann auch auf eine weiße Wand vor sich sehen und sich vorstellen, dass das Wort dort geschrieben steht. Jetzt darf sich der Schriftzug verformen. Er kann größer oder kleiner werden, auf und ab hüpfen oder immer näher kommen. Vielleicht werden auch nur die Buchstaben größer, die die größten Schwierigkeiten machen, und leuchten in kräftigen Farben.

Anschließend blickt das Kind wieder auf das geschriebene Wort und vergleicht, ob es im Kopfkino richtig geschrieben war.

Buchstabieren: Wie schreibt man das?

Als Konzentrationsübung können Sie verschiedene Wörter buchstabieren lassen. Geübte Konzentrationsmeister dürfen auch probieren, ein Wort rückwärts zu buchstabieren.

Details: Verwechslungen sicher vermeiden

Manchmal liegt der Hund im Detail verborgen und es geht darum, kleine Unterschiede in ähnlichen Wörtern zu erkennen und auch sicher abzuspeichern. Dazu bauen wir uns Merkhilfen gezielt für das entscheidende Detail.

Eine derartige Merkhilfe haben Sie schon bei den Merkbildern gebastelt: „ihn" schreibt man im Unterschied zu „in" nämlich mit stummem „h". Darum ist unsere Eselsbrücke speziell darauf ausgelegt, uns an das „h" zu erinnern.

Ähnliche Eselsbrücken können Sie in Zukunft auch selber kreieren. Dazu überlegen Sie sich zunächst, was das entscheidende Detail ist. Anschließend bauen Sie eine Merkhilfe speziell für diesen kleinen, aber feinen Unterschied.

Beispiel: Tropfsteinhöhlen:
– Stalaktiten wachsen von oben nach unten.
– Stalagmiten wachsen von unten nach oben.
– Wenn die Tropfsteine zusammenwachsen, heißen sie Stalagnaten.

Kompliziert? Dann probieren Sie es einmal so:
Stalak**ti**ten wachsen in die **Ti**efe.
Während die **Mieten** steigen. (Stalag**miten**)
Stalag**nat**en sind zusammenge**näht**.

Oder so:

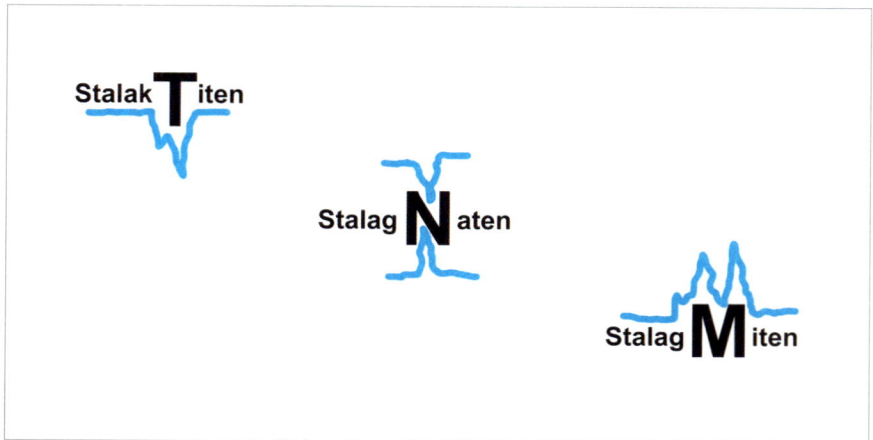

Tipp für clevere Kids! **Bau dir schlaue Eselsbrücken für folgende Informationen:**
- Elefanten gibt es in Afrika und Indien. Die Afrikanischen Elefanten haben große Ohren, während die Ohren der Indischen Elefanten klein sind.
- Die Hauptstadt von Slowenien heißt Laibach. Die Hauptstadt von der Slowakei ist Pressburg.
- Die Antarktis ist der Südpol, hier wohnen Pinguine.
- Menschen leben nur am Nordpol, der Arktis. Sie heißen Inuit.

Sind dir hilfreiche Merktricks eingefallen? Wenn nicht, hier ein paar Ideen:
- **A**frikanische Elefanten haben l**a**nge Ohren,
- **I**ndische Elefanten haben w**i**nzige Ohren.
- Der Löwe (**Slowe**nien) fällt in den Bach (Lai**bach**).
- Das Ei (Slowakei) wird in der Burg ausgepresst (**Press-burg**).

Folgende Übungen helfen zusätzlich, Verwechslungen zu vermeiden:

Hängen Sie eine Version auf einem verrückten Ort auf. Wie Sie wissen, wird die Umgebung immer mitgelernt. Legen Sie zum Beispiel einen Notizzettel mit der Aufschrift: „Das SlowakEI liegt in der Pressburg" in den Kühlschrank!

Ihr Kind könnte auch eine Variante auf besonders verrückte Art schreiben. Besonders groß auf Packpapier oder auf ein Stück WC-Papier …

QUIZ FÜR CLEVERE KIDS

Bist du ein Gedächtniskünstler?

1. Verknüpfen

Hier findest du eine Liste mit Begriffen. Überlege dir merkwürdige Bilder, die je zwei Wörter miteinander verknüpfen!

Esstisch – Tautropfen

Bär – Fensterbrett

Elefant – Seiltänzerin

Suppentopf – Zauberer

Glühbirne – Pinsel

2. Wie lauten deine Lieblingseselsbrücken?

Zähle ein paar Merkhilfen auf, die du in letzter Zeit verwendet hast.

3. Geschichten erzählen

Erzähle eine Geschichte. Alle Wörter der folgenden Liste müssen vorkommen!

1. Mond
2. Schnecke
3. Kaffee
4. Elefant
5. Edelstein
6. Wald
7. Höhle
8. Musik
9. Schloss
10. Bett

4. Finde Merkbilder

Im Deutschen gibt es vier Fälle. Nach dem 3. Fall fragt man mit WEM, will man nach dem 4. Fall fragen, so fragt man WEN. Wie könnte man sich merken, welches Fragewort zu welchem Fall gehört?

5. Dein Kinderzimmer als Merkhilfe!

Lerne folgende Liste mit zehn Wörtern auswendig! Du kannst sie dir merken, indem du sie mit einzelnen Punkten deines Zimmers (also zum Beispiel Bett, Kasten, Schreibtisch etc.) verknüpfst.

1. Tasse
2. Spazierstock
3. Baum
4. Milch
5. Spielplatz
6. Känguruh
7. Ziegelstein
8. Gänseblümchen
9. Hund
10. Pokal

6. Sommerzeit

Im Frühling stellen wir unsere Uhren auf die Sommerzeit ein. Die Uhren werden eine Stunde vorgestellt, wir verlieren also eine Stunde.

Im Herbst werden die Uhren wieder eine Stunde zurückgestellt.

Wie könntest du dir merken, wann die Uhr vorgestellt wird und wann zurück?

7. Georg lernt Englisch-Vokabeln.

Das englische Wort für See heißt „lake". Hast du eine Idee, wie er sich das Wort merken könnte?

Lösungen:

Beim Eselsbrückenbau kannst du nichts falsch machen! Alles, was du selber merkwürdig findest, ist richtig. Hier ein paar Ideen:

1. Beispiel:

Am Esstisch sammeln sich Tautropfen.

Der Bär sitzt auf dem Fensterbrett und schaut ins Zimmer hinein.

Der Elefant arbeitet als Seiltänzerin.

Der Zauberer hat statt eines Zylinders einen Suppentopf auf dem Kopf.

Die Glühbirne wird mit dem Pinsel angemalt.

4. Beispiel:

weM – das M hat drei Beine – 3. Fall; weN, das N hat vier Ecken – 4. Fall

6. Beispiel:

im Frühling kann man die Topfpflanzen VOR das Haus stellen. (Uhr VORstellen)

im Herbst stellt man sie wieder ZURÜCK. (Uhr ZURÜCKstellen)

7. Beispiel:

„lake" klingt wie „Lacke". Georg könnte sich merken, dass die Engländer zu jedem See Lacke sagen.

Notizen:

Sie können nicht mit Ihrem Kind gemeinsam in der Schule sitzen, aber Sie können ihm ein paar gute Tipps auf den Weg mitgeben. Rechnen Sie sich einmal aus, wie viele Stunden Ihr Kind in der Woche in der Schule verbringt. Da wäre es schade um die Zeit, wenn sie nicht optimal genützt würde.

In diesem Kapitel erfahren Sie, aber vor allem auch Ihr Kind, wie es sich schon im Unterricht möglichst viel merkt. Sie erhalten Tipps, wie sich Ihr Kind auf einen Schultag und jede Schulstunde vorbereiten und einstimmen kann und wie es im Unterricht erfolgreich mitarbeitet.

Zum Abschluss wird noch das Thema „Prüfungen" behandelt. Dabei lernen Sie verschiedene Methoden zur mentalen Vorbereitung kennen. Auch für die Prüfungssituation selber hat das Kapitel einige Tricks parat.

CLEVERE KIDS IN DER SCHULE

124 CLEVERE KIDS IM UNTERRICHT
Wie man das Meiste aus der Schule mitnimmt

124 Vorbereitung ist alles
126 Mitarbeit

130 DER ZIELEINLAUF
Schularbeit, Test und Prüfung erfolgreich bestehen

130 Mut-Probe: Bereite dich gut vor!
131 Ich bin richtig gut: Mentaltraining vor dem „Wettbewerb"
133 Wie ein Adler auf der Jagd: Die richtigen Antworten erwischen
136 Schummelzettel einmal anders
138 Lern-Coach: Wie war der letzte Wettbewerb?

QUIZ FÜR CLEVERE KIDS:
Holst du das Meiste aus der Schule?   Seite 140

CLEVERE KIDS IM UNTERRICHT
Wie man das Meiste aus der Schule mitnimmt

Vorbereitung ist alles

Der Vorabend

Ein erfolgreicher Schultag wird bereits am Vorabend vorbereitet! In der Früh ist, wie Sie aus Erfahrung wissen, keine Zeit, um fehlende Hefte zu suchen oder die Turnschuhe einzupacken.

Erinnern Sie sich daran, wie wichtig Rituale und Strukturen für kleinere Kinder sind. So kann das Schultasche einpacken ein tägliches Abendritual werden. Am Anfang können Sie Ihr Kind dabei unterstützen. Das gemeinsame Ziel sollte aber sein, dass das Kind mit der Zeit lernt, seine Schultasche alleine zu packen. So erlebt es mehr und mehr, dass es seine eigene Verantwortung ist, ob alles dabei ist.

Tipp für clevere Kids: **So packst du deine Schultasche:** Nimm dir den Stundenplan für den nächsten Tag und gehe in Ruhe der Reihe nach alle Fächer durch. Kontrolliere, ob alle Bücher, Hefte oder Extra-Materialien eingepackt sind.

Haben Sie Angst, dass Ihr Kind auf diese Art und Weise wichtige Sachen vergessen wird? Natürlich wird das ab und zu passieren. Denn Ihr Kind ist ja gerade erst dabei zu lernen, sich selber zu organisieren.

Anstatt Ihren Sprössling ständig zu erinnern, woran er unbedingt denken soll, unterstützen Sie ihn mit Erinnerungshelfern: Marker, mit denen Schulfächer im Stundenplan markiert werden können und selbstklebende Notizzettel, mit denen das Schulkind sich selber erinnern kann, was am nächsten Tag in die Schule mitgenommen werden soll.

Tipp für clevere Kids: **Vergesslich?**
Passiert es dir häufig, dass du wichtige Sachen vergisst, obwohl du deine Schultasche am Vorabend gepackt hast? Beobachte, was du häufig vergisst. Sind es besondere Fächer wie Zeichnen oder Turnen, für die du Materialien oder Ausrüstung vergisst? Dann hebe diese Fächer in deinem Stundenplan mit einem farbigen Marker hervor! So fallen sie dir in Zukunft besser auf!

„Morgen nehmt ihr bitte alle eine Zeitung in die Schule mit!" Passiert es dir häufig, dass Lehrer und Lehrerinnen etwas erwähnen, was du in die Schule mitnehmen sollst, und du nicht im rechten Moment daran denkst? Dann besorge dir selbstklebende Notizzettel. Wenn deine Lehrer und Lehrerinnen wieder etwas Wichtiges erwähnen, schreib es sofort auf und lege den Zettel in das Federpenal. Da fällt er dir beim Hausübung-Schreiben sicher auf!

In der Schule

Tipp für clevere Kids: Leg in der Früh in der Schule die Dinge auf deinen Platz, die du sicher brauchen wirst. Das sind zum Beispiel deine Stifte. Alles, was du nicht ständig brauchst, kannst du besser in der Schultasche lassen, denn so viel Platz ist ja nicht auf deinem Schultisch.

Vor jeder Schulstunde

Tipp für clevere Kids: **Genieße die Pausen!** Jetzt hast du Zeit, etwas zu trinken oder zu essen oder aufs WC zu gehen. Streck dich und gehe ein bisschen in der Klasse herum.

Nütze die letzte Zeit, bevor die nächste Stunde beginnt dazu, die Unterlagen vorzubereiten. Welche Hefte oder Bücher sollten griffbereit sein? Schlag das Schulübungsheft auf der letzten Seite auf und rufe dir so ins Gedächtnis, wo ihr das letzte Mal stehengeblieben seid! So kannst du die gedanklich bereits auf den Lernstoff einstimmen und wirst leichter verstehen können, wovon die Rede ist!

Liebe Eltern.
Dieser letzte Tipp ist vor allem für die Jahre nach der Volksschule sehr wichtig! *In der Volksschule unterstützen LehrerInnen diesen Prozess und helfen den Kindern nach der Pause zurück in die Lernstimmung. Doch später kommen jede Stunde neue Lehrer und Lehrerinnen in die Klasse! Wenn man jede Stunde mit einem neuen Fach und neuen Lerninhalten konfrontiert wird, muss man sich entsprechend vorbereiten.*

Ermuntern Sie darum Ihr Kind, sobald die Pausenglocke läutet, auf seinen Platz zu gehen. Bis der Lehrer/die Lehrerin in der Klasse ist, vergeht ohnehin noch ein bisschen Zeit. Diese paar Minuten sind genug, um sich schnell in Erinnerung zu rufen, um welches Stoffgebiet es geht. Die Kinder punkten doppelt: Erstens können sie eventuelle Fragen leichter beantworten und zweitens können sie neues Wissen direkt mit den alten Informationen verknüpfen!

Mitarbeit

„Aktive Mitarbeit" ist das Zauberwort. Wir hören es bei jedem Elternsprechtag und angeblich ist sie entscheidend für die Note. Was ist das dann, diese aktive Mitarbeit? Man hat als Schüler/Schülerin zwei Möglichkeiten mitzuarbeiten: Man kann sich melden, wenn man die Antwort auf eine Frage weiß oder man kann selber Fragen stellen.

Nun gibt es Schüler und Schülerinnen, die sind von Haus aus sehr gesprächig und extrovertiert, die melden sich ohnehin von selber. Andere würden sich nie freiwillig zu Wort melden. Für diese ist dieses Kapitel gedacht.

Ich weiß was!

„Wer von euch weiß, was Neuronen sind?", fragt die Lehrerin in der dritten Stunde. „Gehirnzellen!", fällt Clara ein, sie möchte gerade die Hand heben, da wird sie unsicher. „Vielleicht stimmt das gar nicht", denkt Clara und zögert. Da zeigen zwei andere Schüler auf. „Ärzte!", sagt Peter, als er an der Reihe ist. Doch die Antwort ist falsch. „Nein. Du meinst wahrscheinlich Neurologen. Aber das passt auch gut zum Thema. Denn Neurologen sind Ärzte, die das Gehirn und Nervensystem untersuchen."

Jetzt kommt Stefanie an die Reihe. „Neuronen sind Gehirnzellen", weiß sie die richtige Antwort. Clara ärgert sich, denn sie hätte die richtige Antwort auch gewusst und hat sich wieder einmal nicht gemeldet.

Tipp für clevere Kids: Passiert dir das auch manchmal? Eine Schulstunde ist keine Prüfung! Clara könnte sich ohne Sorgen melden, wenn sie eine Idee hat.

Mitarbeit-Stricherlliste: Führe in jedem Fach eine Stricherlliste.

aufgezeigt	Gewusst, aber nicht aufgezeigt
1 1 1 1 1 1	- - -

Jedesmal, wenn du aufzeigst, machst du einen Strich! Auch wenn du nicht an die Reihe kommst, denn immerhin hast du es versucht! Du darfst sogar einen Strich machen, wenn du die falsche Antwort gegeben hättest. Denn Mitarbeit ist immer positiv, auch wenn du dich geirrt hast.

Auch die Fälle, in denen du die richtige Antwort gewusst hast, aber nicht aufgezeigt hast, solltest du notierten, allerdings in einer zweiten Liste.

Am Ende einer Woche ziehst du Bilanz: Zähle die Striche in den beiden Listen.

Fall 1: öfter „aufgezeigt" als „nicht aufgezeigt"
Sehr gut! Du bist auf dem richtigen Weg. Nur weiter so! Die Liste „nicht aufgezeigt" sollte wirklich so klein wie möglich sein. Am besten ist es, wenn du dort gar keine Striche machen müsstest.

Fall 2: „aufgezeigt" ist mehr als doppelt so groß oder noch größer als „nicht aufgezeigt"
Hervorragend! Deine Mitarbeit ist unschlagbar!

Fall 3: öfter „nicht aufgezeigt" als „aufgezeigt"
Verbessere dich in kleinen Schritten. Nimm dir zum Beispiel vor, dich jeden Tag einmal zu melden. Steigere dich langsam, indem du dir danach etwa vornimmst, jede zweite Stunde eine Antwort zu sagen usw.

Wer fragt, gewinnt!

Loben Sie Ihr Kind für jeden einzelnen Strich in der Stricherlliste. Sollte an einem Tag gar nichts vermerkt sein, ist das nicht der Weltuntergang. Geben Sie Ihrem Kind keinen Grund, mit der Stricherlliste zu schummeln, sie ist seine persönliche Erfolgsliste.

Stattdessen können Sie Ihrem Kind nützliche Tipps geben, wie die Stricherlliste wachsen kann: So darf jedes „Aufzeigen" als Erfolg vermeldet werden. **Ermutigen Sie Ihr Kind, Fragen zu stellen.**

Tipp für clevere Kids: **„Meine Mutter hat gesagt, es gibt keine dummen Fragen, nur dumme Antworten!",** denkt sich Clara und hebt ihre Hand, weil sie etwas fragen möchte.

Wie sieht deine Mitarbeit-Stricherlliste aus? Benötigst du noch mehr „aufgezeigt"-Striche? Dann erfährst du jetzt folgenden Trick: Fragen gilt auch als „aufgezeigt"! Immerhin meldest du dich ja zu Wort. Jedesmal wenn du aufzeigst, um eine Frage zu stellen, darfst du das in deiner „Mitarbeits-Strichliste" vermerken.

Liebe Eltern.
Kopieren Sie folgende Tabelle für ihre Kinder. *In der linken Spalte können Sie die Fächer eintragen, in den anderen beiden Spalten kann Ihr Nachwuchs seine Mitarbeit festhalten. Werfen Sie einmal in der Woche einen Blick auf die Liste und loben Sie Ihr Kind für seine Fortschritte!*

Meine Mitarbeit-Stricherlliste!

Schulfach	„aufgezeigt"	„nicht aufgezeigt"

Tipp für clevere Kids: Bevor du die Hand hebst, überlege dir, was du genau fragen möchtest. Formuliere die Frage im Kopf. Deine Frage sollte so genau wie möglich sein. Melde nicht nur „Das verstehe ich nicht", sondern erkläre genau, wo dein Problem liegt.

Hier ein paar Anfänge für gute Fragen:
„Was ich nicht genau verstehe ist …"
„Könnten Sie bitte noch einmal wiederholen was … bedeutet?"
„Bedeutet das …"
„Habe ich richtig verstanden, dass …"
„Kann man also sagen, dass …"
„Also das heißt …"
„Mir ist das leider noch nicht ganz klar. Könnten Sie vielleicht noch ein Beispiel nennen?"
„Das war mir jetzt leider zu schnell. Könnten Sie die letzte Erklärung noch einmal wiederholen?"

Notizen:
_____
_____
_____
_____
_____
_____
_____
_____
_____
_____

Kapitel 6: Clevere Kids in der Schule

DER ZIELEINLAUF
Schularbeit, Test und Prüfung erfolgreich bestehen

Mut-Probe: Bereite dich gut vor!

Wer gut vorbereitet ist, hat keinen Grund, Prüfungsangst zu haben. Doch die erste Schularbeit sorgt natürlich für entsprechende Aufregung. Da hilft es, wenn man die Prüfungssituation schon einmal durchgespielt hat. Machen Sie mit Ihrem Kind eine Mut-Probe!

Die Art der Überprüfung bestimmt die Form der „Mut-Probe". Auf schriftliche Tests stimmt man sich mit einer schriftlichen „Mut-Probe" ein, für mündliche Prüfungen ist es besser, abgefragt zu werden.

Probe-Schularbeit

Erstellen Sie eine Probe-Schularbeit für Ihr Kind. Diese darf keinesfalls zu schwer sein, ihr Ziel ist es, die Angst vor der echten Schularbeit zu nehmen. Die Probe-Schularbeit sollte genauso lang dauern wie die echte Version.

Tipp für clevere Kids: **Du kannst dir auch eine eigene Probe-Schularbeit erstellen!** Welche Fragen könnten bei der echten Schularbeit kommen? Du könntest ja deine Eltern mit dem Probe-Test prüfen. Das macht sicher Spaß!

Prüfungs-Trockentraining

Wenn Sie Ihr Kind vor einer Prüfung abfragen, stellen Sie nicht nur Fragen, auf die Ihr Kind nur mit einem Wort antworten muss. Lassen Sie Ihr Kind auch Zusammenhänge erklären oder fragen Sie ganz allgemein: „Was weißt du alles über …"?

Tipp für clevere Kids: **Du kannst das Trockentraining auch mit Freunden machen!** Fragt euch einfach gegenseitig ab! Besonders lustig ist das, wenn ihr dabei versucht, den Lehrer oder die Lehrerin nachzumachen! Wie stellt er/sie die Fragen am liebsten? Wer kann seine/ihre Stimme besonders gut nachmachen? So stimmt ihr euch gleich auf die richtige Prüfungssituation ein.

Ich bin richtig gut: Mentaltraining vor dem „Wettbewerb"

„Zuhause habe ich noch alles gewusst." Woran liegt es, dass wir ausgerechnet im entscheidenden Moment die richtigen Antworten nicht wissen? Sportler bereiten sich mit Mentaltraining auf wichtige Wettkämpfe vor, und mit der richtigen Einstellung sind Schüler und Schülerinnen zu Höchstleistungen fähig!

Erfolg vorprogrammieren

Die Prüfungssituation darf keine Überraschung sein. Stellen Sie sich mit Ihrem Kind die Situation so genau wie möglich vor. Was wird es an dem Tag anziehen? Das Lieblings-T-Shirt?! Wo wird es sitzen oder stehen? Was liegt auf dem Tisch? Ihr Kind stellt sich vor, wie es ganz ruhig ist und die Prüfung mit links meistert! Diese Szene darf so oft wie möglich vor dem inneren Auge abgespielt werden.

Konzentrieren Sie sich dabei vor allem auf das erleichterte Gefühl am Schluss: Die Prüfung ist bestanden!

Tipp für clevere Kids: Denke an deine nächste Prüfung. Wie wird sie ablaufen? Welche Fragen würdest du dir aussuchen, wenn du das selbst entscheiden dürftest? Stell dir vor, wie du erfährst, dass du gut abgeschnitten hast, alle sind mit deiner Leistung zufrieden und du kannst stolz auf dich sein. Halte das Gefühl fest, achte auf Einzelheiten: Wie ist deine Körperhaltung? Versuche den entsprechenden Gesichtsausdruck anzunehmen. Welche Gedanken gehen dir durch den Kopf?

Nütze jede Gelegenheit, um diesen Tagtraum abspielen zu lassen: Wartezeiten, den Schulweg, vor dem Einschlafen (vor allem am Abend vor der Prüfung)...

Schutzstern

Hier finden Sie zwei Entspannungsübungen. Führen Sie sie gemeinsam mit Ihrem Kind durch und zeigen Sie ihm so, wie es sich in angespannten Situationen selber beruhigen kann. Ihr Kind kann dann selber entscheiden, welche der beiden Übungen ihm besser hilft.

Tipp für clevere Kids: **Schütze dich vor und während deiner Prüfung mit einem Schutzstern:** Schließe deine Augen. Stelle deine Beine weit auseinander und breite deine Arme aus.

Ziehe einen großen fünfzackigen Stern um deinen Körper! Eine Linie geht von der obersten Spitze deines Kopfes zu deinem linken Fuß, von dort weiter zu deiner rechten Hand. Von der rechten Hand führt sie zu deiner linken Hand. Die Linie geht weiter zu deinem rechten Fuß und von dort zurück zu deinem Kopf.

Dieser Stern schützt dich vor allen Störungen! Lärm, Ablenkungen, unfreundliche Blicke ... alles prallt von deinem Stern ab.[24]

Atme dich ruhig

Tipp für clevere Kids: **Öffne vor der Prüfung ein Fenster und atme tief und langsam ein.** Halte den Atem kurz an (aber nicht so lange, dass es unangenehm wird) und atme dann kräftig aus. Denke jedes Mal, wenn du einatmest: „Ruhe atme ich ein!", und stelle dir vor, wie du mit der Luft Kraft und Selbstvertrauen in deinen Körper ziehst.

Beim Ausatmen denke daran, wie Unsicherheit und Prüfungsangst aus dir hinausfließen.

Wie ein Adler auf der Jagd: Die richtigen Antworten erwischen

Lassen Sie Ihr Kind folgenden Test machen! Sie können die Fragen auch selber beantworten.

Test für clevere Kids:

1. Lies alle Aufgaben genau und beginne erst dann mit den Lösungen.
2. Schreibe das Wort „GEHIRNZELLE" rückwärts.
3. Wie alt bist du? _____ Jahre
4. Löse folgende Rechenaufgabe:

   31 + 4 − 5 = _____
5. Zeichne ein Viereck.
6. Male einen Kreis in das Viereck, das du bei Aufgabe 5 gezeichnet hast.
7. Zeichne einen Kreis.
8. Zeichne ein Viereck in den Kreis von Aufgabe 7.
9. Schreibe deinen Namen rechts oben auf diese Seite.
10. Löse nur Frage 9, die Aufgaben 2 bis 8 brauchst du nicht zu beantworten.

Tipp für clevere Kids: Adler-Auge[25]

Stell dir vor, du bist nicht ein Schüler bei der Prüfung, sondern ein Adler auf der Jagd! Dein Ziel ist nicht, besonders schnell zu fliegen, sondern die kleine Maus zu entdecken und zu fangen.

Was ist gefragt?
Lies die Fragen ruhig und genau! Wonach ist genau gefragt? So wie ein Adler, der konzentriert in der Luft kreist und nach seiner Beute Ausschau hält!

Weniger ist mehr!
Sobald der Adler seine Beute erspäht hat, schnellt er wie ein Blitz hinunter und schnappt gezielt zu. Halte deine Antworten kurz! Beantworte wirklich nur, wonach gefragt wurde. So hast du es später beim Durchlesen leichter und außerdem sparst du Zeit.

Genieße deine Beute
Hake die Fragen ab, bei denen du dir 100-prozentig sicher bist, die richtige Antwort niedergeschrieben zu haben! Aufgaben, bei denen du eher unsicher bist, kannst du mit einem Fragezeichen markieren. Auf sie kannst du später noch einmal zurückkommen.

Lass dich nicht entmutigen
Selbst dem besten Adler passiert es einmal, dass er eine Maus nicht erwischt. Aber er bleibt nicht unglücklich sitzen und weint der einen Maus nach, sondern steigt wieder hoch in die Lüfte und hält Ausschau nach der nächsten.

Wenn du eine Frage nicht beantworten kannst, widme dich der nächsten. Vielleicht fällt dir die Antwort später noch ein, markiere die Frage mit einem Fragezeichen.

Erinnerungen auftauchen lassen

„Es liegt einem auf der Zunge", „Man steht auf der Leitung" ... manchmal scheint die richtige Antwort so nah und doch nicht greifbar. Wer kennt das Gefühl nicht, einen Begriff sicher zu wissen, aber im Moment nicht nennen zu können?

Jetzt heißt es ruhig bleiben! Die Lösung liegt ja irgendwo im Gedächtnis vergraben, und mit der richtigen Strategie ist sie sicher auffindbar:

Tipp für clevere Kids: Wenn dir ein Wort nicht und nicht einfallen will, probiere es mit folgenden Tricks:

Wo war das noch einmal
Wo hast du den Begriff zum letzten Mal gehört, gelesen, geschrieben oder ausgesprochen? Versuch dich genau an die Situation zu erinnern. In welchem Zusammenhang hast du das Wort verwendet?

Eselsbrücken
Versuch dich zu erinnern, wie du dir das Wort gemerkt hast. Vielleicht hast du Eselsbrücken oder andere Merkhilfen verwendet? Womit könntest du den gesuchten Begriff assoziiert haben?

ABC
Denke das Alphabet durch. Verwerfe die Buchstaben, die „falsch klingen", und reduziere so die Möglichkeiten. Der Begriff fällt dir möglicherweise ein, sobald du an den richtigen Anfangsbuchstaben denkst.

Wortklang
Wie klingt das Wort? Ist es lang oder kurz, klingt es eher rund und weich oder spitz und hart? Vielleicht ist es zackig und schnell?

Schreibweise
Versuch das Wort vor dir zu sehen. Wie viele Buchstaben sind so groß und lang, welche reichen bis unter die Zeile? War der Anfangsbuchstabe eher rund oder eckig?

Denkpause
Meistens hilft eine kurze Denkpause besser als alle anderen Tipps. Denke kurz an etwas anderes, beantworte andere Fragen und komme später auf das Problemwort zurück.

Aus dem Bauch heraus
Besser eine falsche Antwort als gar keine! Bist du dir unsicher, nimm die Antwort, die „vom Gefühl her" richtig ist. Aus dem Bauch heraus bedeutet allerdings nicht „einfach raten". Versuche zuerst mit den oben genannten Möglichkeiten auf die richtige Antwort zu kommen. Gelingt das nicht, verlasse dich auf dein Gefühl. Du wirst überrascht sein, wie oft du auf die richtige Antwort tippst. Du weißt mehr, als du denkst!

Schummelzettel einmal anders

5 Finger = 5 Helfer

Erinnern Sie sich an den Wissensraum: Wichtige Informationen können mit Positionen in einem Zimmer assoziiert werden. Der Raum wirkt als Gedächtnisstütze.

Eine derartige Gedächtnisstütze können die fünf Finger unserer Hand darstellen. Woran soll Ihr Kind während der Schularbeit unbedingt denken? Worauf soll es speziell achten? Was könnte es in der Aufregung vergessen? Diese Informationen werden mit den fünf Fingern der linken Hand verknüpft. z. B.:

Die 5 Helfer könnten während einer Deutsch-Arbeit erinnern an:
– **Daumen:** Schreibe eine Überschrift.
– **Zeigefinger:** Erzähle in derselben Zeit.
– **Mittelfinger:** Erzähle in derselben Person.
– **Ringfinger:** Nach einem langen Selbstlaut steht ein „ß", kein „ss"
– **Kleiner Finger:** Schreibe du, deine, dich etc. immer klein!

Helfen Sie Ihrem Kind dabei, die jeweiligen Tipps mit den Fingern zu verbinden. z. B.:
– **Der Daumen** unterstreicht die Überschrift mit einem dicken Stift.
– **Der Zeigefinger** zeigt auf die Uhr.
– **Der Mittelfinger** hat ein Gesicht.
– **Der Ringfinger** ringelt sich wie ein scharfes ß, weil er so lang ist.
– **Der kleine Finger** ist so klein und erinnert dich …

Tipp für clevere Kids: Bevor du die Arbeit abgibst, denk noch einmal an die fünf Helfer. Hast du auch alles kontrolliert?

Maskottchen als Prüfungshelfer

Statt der fünf Finger kann auch ein Stofftier als Prüfungshelfer dienen. Denken Sie an den Merktrick „Bodypainting" und nützen Sie den Körper des Maskottchens als Anker für wichtige Hinweise.

Beispiel: Stefan hat in der Schule alles über Notrufe gelernt. Jetzt möchte er sich für den Test die fünf wichtigen „Ws" einprägen. Dazu nützt er sein Maskottchen „Rudi" als Prüfungshelfer.[26]

`Tipp für clevere Kids:` Gib deinem Prüfungshelfer-Maskottchen einen passenden Namen!

5 wichtige Ws bei einem Notruf:

- **Wer** (nenne deinen Namen)
- **Wo** (wo ist das Unglück passiert, möglichst genaue Adresse)
- **Was** (z. B.: Küche brennt, Autounfall etc.)
- **Wie** ist die Situation (z. B.: wie viele Verletzte)
- **Warten** (nicht gleich auflegen und warten, ob die Helfer noch Fragen haben)

- „**Wer**" verknüpft Stefan mit dem Kopf von seinem Maskottchen. Er stellt sich vor, wie sein Stofftier sagt „Mein Name ist Rudi".

- „**Wo**" verbindet Stefan mit dem Bauch und stellt sich vor, dass da ein Adressschild hängt.

- Um sich zu merken, dass er unbedingt auch erzählen muss, „**was**" passiert ist, stellt er sich am Rücken von seinem Prüfungshelfer ein großes Fragezeichen vor.

- „**Wie**" merkt Stefan sich, indem er sich vorstellt, wie Rudi an seinen Fingern abzählt, wie viele Opfer es gibt.

- Schließlich verknüpft er noch „**Warten**" mit den Füßen von seinem Prüfungshelfer: Nach dem Notruf soll er nicht gleich weglaufen, sondern abwarten, ob die Helfer am Telefon noch weitere Fragen an ihn haben.

Lern-Coach: Wie war der letzte Wettbewerb?[27]

Nach einer Schularbeit oder einem Test heißt es manchmal „bitte warten", bis endlich das Ergebnis bekannt gegeben wird. Die eigene Einschätzung muss aber nicht warten. Überlegen Sie gemeinsam mit Ihrem Kind, wie der letzte „Wettbewerb" gelaufen ist.

1. **Die Stärken**
   Was ist besonders gut gegangen? Welche Fragen waren leicht zu beantworten? Was wurde gut gemeistert?
2. **Die Schwächen**
   Wo sind Probleme aufgetreten? Ist sich Ihr Kind jetzt schon sicher, bestimmte Fragen falsch beantwortet zu haben?
3. **Der Wettbewerb**
   Wie angespannt war das Gefühl während der Prüfung? Wie ist sich die Arbeit zeitlich ausgegangen?
4. **Das bisherige Training**
   Wie war die Vorbereitung? Wurde rechtzeitig mit dem Lernen begonnen? Sind die richtigen Unterlagen gelernt worden?

Tipp für clevere Kids: Sobald du die Arbeit wirklich zurückbekommst, ergänze die Analyse des letzten Wettkampfs. Welche Antworten haben dir Extra-Punkte eingebracht? Gibt es bestimmte Fehler-Arten, die sich wiederholen?

Lern-Coach: Mein letzter Wettbewerb

Meine Stärken Das habe ich richtig gut gemacht.	
Meine Schwächen Hier habe ich noch Wissenslücken.	
Der Wettbewerb So ist es mir während der Prüfung gegangen	
Das bisherige Training So habe ich mich auf die Arbeit vorbereitet.	

Der weitere Trainingsplan:

Erstellen Sie gemeinsam mit Ihrem Kind ein Trainingsprogramm für die nächste Zeit. Nützen Sie dazu die Analyse der letzten Prüfung.

Stärken:	Die Stärken stärken, das schwächt die Schwächen! Welche Lernstrategien waren besonders erfolgreich? Was ist das Erfolgsgeheimnis der Stärken? Denken Sie auch daran, Ihr Kind für seine Stärken zu loben!
Schwächen:	Wissenslücken müssen geschlossen werden! Warten Sie nicht auf den Stress der nächsten Prüfung, sondern beginnen Sie gleich, in kleinen Wissenshäppchen, den Stoff aufzuarbeiten.
Wettbewerb:	Üben Sie mit Ihrem Kind gegebenenfalls Entspannungstechniken. Nützen Sie auch die Tipps in diesem Buch, um es gezielt auf die Prüfung vorzubereiten!
Bisheriges Training:	Eventuell muss das nächste Mal früher mit dem Lernen begonnen werden. Welche Lernstrategien müssen angepasst werden? Wo kann das Kind alleine lernen, wann braucht es Unterstützung? Sind alle notwendigen Unterlagen vorhanden?

QUIZ FÜR CLEVERE KIDS

Holst du das meiste aus der Schule?

1. Morgen wird gebastelt.

Darum soll Sonja Klebstoff und Schere in die Schule mitnehmen. Sonja ist leider manchmal etwas vergesslich. Was könnte sie machen, damit sie am Nachmittag an die Materialien denkt?

2. Welche Aussagen sind richtig?

Kreise alle richtigen Sätze ein.

a. Ich muss aufpassen, dass ich keine blöden Fragen stelle.

b. Wenn ich die Antwort auf eine Frage weiß, zeige ich auf, auch wenn ich mir nicht ganz sicher bin.

c. Wenn ich eine Antwort nicht 100-prozentig sicher weiß, sollte ich mich sicherheitshalber nicht melden.

d. Wenn ich etwas nicht ganz verstanden habe, frage ich einfach nach.

3. Sonja lernt in der Schule gerade alles über das Wetter.

Gerade ist erklärt worden, wie Regen entsteht. Leider hat Sonja das nicht ganz verstanden. Welche Fragen könnte sie am besten stellen?

- Entschuldigung, könnten Sie das noch einmal erklären?
- Das war mir jetzt leider zu schnell. Wie funktioniert das mit dem Wasserkreislauf?
- Was bedeutet „Zirkulation" eigentlich?
-

4. Sonja muss einen Test über das Thema Wetter schreiben.

Sie ist ziemlich nervös und kann sich nicht konzentrieren. Wie kann sie sich vor dem Test beruhigen?

5. Sonja weiß nicht, wo sie bei dem Test anfangen soll.

Kannst du ihr helfen und die Vorhaben in die richtige Reihenfolge bringen?

- Alles durchlesen und kontrollieren.

- Die restlichen Fragen beantworten.

- Überlegen, ob mir für manche Fragen, die ich nicht gewusst habe, doch Antworten einfallen.

- Fragen, bei denen ich keine Antwort weiß, warten lassen.

- Herausfinden, aus wie vielen Fragen der Test besteht.

- Die leichten Fragen beantworten.

6. Sonja steht auf der Leitung.

Beim Test ist der Fachausdruck für Kreislauf gefragt. Das Wort liegt ihr auf der Zunge. Was kann sie unternehmen, damit ihr der Begriff „Zirkulation" einfällt? Hast du Ideen?

7. Sei dein eigener Lern-Coach!

Vergleiche deine Antworten mit den Lösungen und überlege, wie es dir bei dem Quiz ergangen ist.

Meine Stärken
Das habe ich richtig gut gemacht.

Meine Schwächen
Hier habe ich noch Wissenslücken.

Der Wettbewerb
So ist es mir während der Prüfung gegangen.

Das bisherige Training
So habe ich mich auf die Arbeit vorbereitet.

Lösungen:

1. Sonja könnte sich einen selbstklebenden Zettel mit einer Notiz auf ihren Stundenplan kleben. Sie kann sich aber auch einen Erinnerungshelfer basteln. Erinnerst du dich an Erinnerungshelfer? Wenn nicht, blättere zurück zum letzten Kapitel.

2. a – falsch, Es gibt keine blöden Fragen. b – richtig, c – falsch, d – richtig

5.
   1. Herausfinden, aus wie vielen Fragen der Test besteht.
   2. Die leichten Fragen beantworten.
   3. Fragen, bei denen ich keine Antwort weiß, warten lassen.
   4. Die restlichen Fragen beantworten.
   5. Alles durchlesen und kontrollieren.
   6. Überlegen ob mir für manche Fragen, die ich nicht gewusst habe, doch Antworten einfallen.

6. Sonja könnte langsam alle Buchstaben des Alphabets durchgehen und draufkommen, dass das gesuchte Wort mit „Z" beginnt. Sonja könnte sich auch daran erinnern, dass sie im Unterricht noch nach dem Begriff gefragt hat. Möglicherweise hilft aber auch eine Denkpause. Darum könnte sie zunächst alle anderen Fragen beantworten und später auf die Frage zurückkommen. Dazu macht sie ein kleines Kreuz neben die Frage, so sieht sie später, dass sie noch einmal darauf zukommen will.

Unser Gehirn ist dafür gebaut, neue Informationen aufzunehmen und mehr und mehr Fertigkeiten zu erlernen. Es lernt nicht nur in der Schule, sondern jederzeit! Niemand lernt so schnell wie kleine Kinder. Und das schaffen sie nicht dadurch, dass sie brav die Schulbank drücken oder diszipliniert alle Hausübungen schreiben. Kleine Kinder lernen im Spiel, im Alltag. Sie erkunden die Welt und lernen und lernen.

Auch das Gehirn eines Schulkindes und das erwachsene Gehirn sind derartige Lernmaschinen. Nützen Sie sie, indem Sie Ihr „Clever Kid" im Alltag spielerisch trainieren. In diesem Kapitel finden Sie Spiele, mit denen Sie sprachliche, rechnerische, aber auch allgemeine Fertigkeiten üben können.

CLEVERE KIDS IM ALLTAG

146 RECHENSPIELE
Rechenkünstler im täglichen Leben
146 Rechenspiele für unterwegs
147 Rechenspiele für zuhause
147 Rechenspielzeug

149 SPRACHSPIELE
Spiele für alle Sprachen
149 Wortschatzspiele
151 Rechtschreibspiele
152 Kreative Sprachspiele
153 Spielerisch lesen üben

154 FÜR DAS LEBEN …
Spielerisch lernen
155 Lernspiele
156 Gedächtnisspiele

RECHENSPIELE
Rechenkünstler im täglichen Leben

Rechnen und Zählen kann man mit jeder Art Würfelspiel üben. Auch in Rätselheften gibt es zahlreiche Übungen, die Logik und Kombinationsgabe trainieren.

Hier noch einige zusätzliche Ideen:

Rechenspiele für unterwegs

Rechenübungen mit Nummerntafeln

Rechnen können Sie auch am Schulweg oder beim Spazieren üben! Nützen Sie die Zahlen, die die Umgebung zu bieten hat. Sie können Ihr Kind die Ziffern einer Nummerntafel zusammenzählen lassen. Fortgeschrittene Rechenkünstler können auch zweistellige Zahlen addieren. Natürlich können Sie auch andere Rechenarten auf diese Art üben!

Fordern Sie auch die Kreativität Ihrer Kinder heraus und lassen Sie sie nach Rechnungen in Nummerntafeln suchen. z. B.: [28]

Nummerntafel	Rechnung
 LD·L 787	7 + 8 + 7 = 22 Oder 78 + 7 = 85
 K 510 BV	5 x 1 x 0 = 0 Oder 5 x 10 = 50
 ZH·522 802	5 x 2 – 2 = 8

Ausflug

Berechnen Sie vor der Autofahrt mit Ihrem Kind, wie viele Kilometer Sie zurücklegen werden. Das Kind kann diese Schätzung mit dem Stand des Kilometerzeigers vergleichen.

Kilometer können auch bei einer Fahrradtour berechnet werden. Wie lange braucht ihr für fünf Kilometer?

Rechenspiele für zuhause

Tisch decken
Erwarten Sie Besuch? Lassen Sie Ihr Kind den Tisch decken und bereits in der Küche berechnen, wie viele Besteckteile etc. benötigt werden.

Taschengeld
Geben Sie Ihrem Kind das Taschengeld nicht genau, sondern in Kleingeld. So kann es selber nachzählen, ob der Betrag stimmt oder um wie viel es zu viel oder zu wenig ist.

Gerecht teilen
Bruchrechnen lässt sich hervorragend am Esstisch üben. Wie muss die Torte geschnitten werden, damit alle Gäste ein Stück bekommen? Wie lässt sich der Auflauf schneiden, damit vier gleich große Stücke entstehen? Wie muss die Tafel Schokolade geteilt werden, damit alle Kinder gleich viel abbekommen?

Rechenspielzeug

Taschenrechner, Zirkel und Geodreieck sind nicht nur im Unterricht wichtig. Mit Zirkel und Geodreieck kann man schöne Figuren zeichnen und entdeckt so spielerisch geometrische Gesetzmäßigkeiten und übt die Feinmotorik.

Mit dem Taschenrechner kann man die Welt der Zahlen erkunden. Was passiert, wenn man eine große Zahl mit 0 multipliziert? Kann man von einer kleinen Zahl eine große abziehen?

Beispiel: Die Zirkelblume:

Tipp für clevere Kids: **So malst du eine Zirkelblume:** Male mit deinem Zirkel einen Kreis. Stech dann mit dem Zirkel irgendwo in dem Kreis ein und ziehe einen neuen Kreis. Der Mittelpunkt vom nächsten Kreis ist an einer der beiden Stellen, wo sich die zwei Kreise kreuzen. Zeichne auf diese Art und Weise weitere Kreise um den ersten Kreis. Du kannst die Zirkelblume am Ende anmalen!

Beispiel: Taschenrechnersprache

Wenn man den Taschenrechner umdreht, kann man statt mancher Ziffern Buchstaben lesen.

Tipp für clevere Kids: **Kannst du so folgende Wörter schreiben?**

ESEL
LIEBE
SEIL
SEELE
LOB

Vielleicht fällt dir ja sogar eine witzige Rechengeschichte mit derartigen Wörtern ein!

SPRACHSPIELE
Spiele für alle Sprachen

Kinder lieben es, „**Wech**staben" zu „ver**buchs**eln", neue Wörter zu erfinden und Sätze zu verdrehen. So entdecken sie spielerisch die Eigenheiten ihrer Muttersprache. Komplizierte Zusammenstellungen ergeben Sinn, sobald man sie unsinnig verdrehen darf. Schwierige Wörter lassen sich oft viel leichter aussprechen, wenn man einzelne Satzglieder vertauscht. So verstehen wir allmählich, wie unsere Sprache funktioniert.

Sie können Ihr Kind bei diesem Lernprozess unterstützen, indem Sie neue, lustige Sprachspiele anbieten.

Kennen Sie zum Beispiel die „BB-Sprache?" Sie funktioniert so: Nabach jebedebem Sebelbstlaubaut kobommt eibein „B". Dabanabach wibird deber Sebelbstlaubaut wiebiedeberhobolt. Üben Sie die BB-Sprache gemeinsam mit Ihrem Kind. Wer kann schneller einen Satz bilden?

Hier finden Sie weitere Sprachspiele.

Wortschatzspiele

Wortschatzspiele dienen der Überbrückung von Wartezeiten beim Zahnarzt und langen Busfahrten. Bekämpfen Sie die Langeweile und fördern Sie gleichzeitig den Wortschatz Ihres Nachwuchses!

Wörterwurm
„Donaudampfschifffahrtsgesellschaftskapitänskajüte …" Bilden Sie mit Ihrem Kind ein möglichst langes Wort, indem Sie abwechselnd einen Wortteil nennen. Beispiel: „Garten" – „Gartenhaus" – „Gartenhaustüre" – „Gartenhaustürenschlüssel"….

Wörterkette
Beginnen Sie die Wörterkette mit einem beliebigen zusammengesetzen Hauptwort, z. B. „Apfelbaum". Ihr Kind nimmt den hinteren Teil und bildet ein neues zusammengesetztes Wort, z. B. „Baumstamm". Sie setzen die Reihe fort mit „Stammtisch" und so wird die Kette immer weitergeknüpft.

Wörterschlange

Sie beginnen die Wörterschlange mit einem beliebigen Wort, z. B. „Schlange". Ihr Kind nennt nun einen Begriff, der mit dem letzten Buchstaben des ersten Wortes beginnt, z. B. „Elefant". Sie setzen die Reihe weiter fort, z. B. Tiger.

Wählen Sie ein Schul-relevantes Thema für Ihre Wörterschlange.

Synonyme

Denken Sie sich gemeinsam mit Ihrem Kind ein Thema aus: zum Beispiel „gehen". Jetzt nennen Sie abwechselnd ein ähnliches Wort, z. B.: „laufen, schleichen, spazieren …"

Papagei

Sie nennen einen kurzen Satz, z. B. „Ich wandere in den Bergen". Ihr Kind wiederholt den Satz, verändert aber ein Wort des Satzes, also beispielsweise: „Ich wohne in den Bergen." Sie wiederholen anschließend den Satz Ihres Kindes, wieder in leicht abgewandelter Version, wie: „Ich wohne in der Stadt."

Buchstabierspiel

Sie und Ihr Kind nennen abwechselnd einen Buchstaben. Gemeinsam sollen die Buchstaben ein Wort ergeben. Versuchen Sie möglichst lange Begriffe zu bilden.

Rechtschreibspiele

„So, heute üben wir rechtschreiben." Welches Kind würde hier mit Jubelschreien in die Luft springen? Und einmal ehrlich? Hätten Sie Lust, eine Stunde lang schwirige Wörter je dreimal untereinanderzuschreiben?

In früheren Kapiteln haben Sie einige Tricks gelernt, mit denen Sie gezielt rechtschreiben lernen können. Zur Übung finden Sie hier noch zwei Spiele:

Ich seh, ich seh, was du nicht siehst …

Dieses bekannte Spiel kann man nicht nur mit mit Farben spielen. Sie können stattdessen den Satz auch fortsetzen: „… und das schreibt man mit ß." Ihr Kind blickt sich um und überlegt, welche Gegenstände in Frage kommen. Anschließend können Sie die Rollen tauschen.

Was Otto mag …

Otto hat bestimmte Vorlieben. Zum Beispiel liebt er Wörter, die man mit Doppelbuchstaben schreibt. Wörter, in denen keine Doppelbuchstaben vorkommen, mag er hingegen nicht. So ergeben sich folgende Kuriositäten: Otto mag Hennen, aber keine Hühner. Zählen Sie ein paar Dinge auf, die Otto mag oder nicht mag, bis Ihr Kind die geheime Regel entdeckt und selber entsprechende Beispiele nennt.

Welche Rechtschreibregeln sind gerade aktuell? Wählen Sie Ottos Vorlieben gezielt!

Kreative Sprachspiele

Kinder haben eine unschlagbare Fantasie! Irgendwann geht dieses Talent verloren. Warum eigentlich? Nun, wann haben Sie sich zum letzten Mal ein Märchen ausgedacht? Kreative Sprachspiele fordern die Fantasie Ihrer Sprößlinge heraus und trainieren gleichzeitig freies Sprechen und Schreiben. Denn Sprachen lernen wir, indem wir sprechen. Ermuntern Sie Ihr Kind zum Erzählen und hören Sie ihm zu:

Fortsetzungsgeschichte

Schreiben Sie gemeinsam mit Ihrem Kind eine Geschichte. Das geht so: Ihr Kind schreibt den Beginn einer Geschichte auf ein Blatt Papier. Anschließend faltet er das Papier so, dass nur die letzte Zeile zu lesen ist. Sie lesen nur diese Zeile und schreiben eine Fortsetzung der Geschichte. Setzen Sie die Geschichte bis zum Papierende fort und lassen Sie sie Ihr Kind vorlesen.

Wortverwirrung

Ihr Kind denkt sich einen Gegenstand aus, z. B. einen Fußball. Jetzt beschreibt es diesen Gegenstand unter falschem Namen, z. B.: „Mit einer Pizza kann man gut spielen. Sie ist nämlich rund und rollt sehr gut. Vor dem Spiel muss man sie manchmal aufpumpen …" Sie versuchen zu erraten, um welches Objekt es sich handelt.

Mit einem Hammer kann man …

Dieses Spiel geht so ähnlich wie das Wortschatz-Spiel „Synonyme". Denken Sie sich einen Gegenstand aus und erklären Sie, wozu er gut ist, etwa: „Mit einem Bleistift kann man zeichnen." Ihr Kind nennt weitere Möglichkeiten wie: „Mit einem Bleistift kann man schreiben." Natürlich sind auch kreative Lösungen erlaubt, z. B.: „Mit einem Bleistift kann man Löcher in die Erde bohren."

Märchenstunde

Denken Sie sich sieben beliebige Wörter aus. Ihr Kind erfindet eine Geschichte, in der alle Begriffe vorkommen.

Spielerisch lesen üben

Wenn wir Lesen lernen, lernen wir mehr als das Entziffern und Zusammenfügen von Buchstaben. Wir lernen unter anderem unsere Augenbewegungen zu steuern, Buchstabenfolgen in Laute umzuwandeln und Wörter zu erkennen. Geübte Leser lesen Worte nicht Buchstabe für Buchstabe, sondern erkennen die meisten Wörter in einem Blick.

Druam knenön Sie deiesn Staz leesn, owbhol die Butbschaen der Wöertr nhcit in dre ritgichen Rehineolfge snid. Selbst ganze Absätze werden nicht Wort für Wort entschlüsselt, sondern als Gesamtheit erfasst. Das ist Übungssache und Übung darf Spaß machen:

Leserituale

Wie gesagt, Kinder sind Lernmeister und lernen ständig. Sie beobachten Ihre Umgebung und kopieren, was sie sehen. Wenn Sie selber nie lesen, dürfen Sie sich also nicht wundern, wenn Ihr Kind auch nicht freiwillig zu einem Buch greift. Sie könnten zum Beispiel einen Leseabend in der Woche einführen, an dem der Fernseher ausgeschaltet bleibt und jeder in seinem Lieblingsbuch liest.

Wie Sie bereits wissen, sind Rituale sehr wichtig für Heranwachsende. Führen Sie darum Leserituale ein. So könnte zum Beispiel vor dem Einschlafen täglich ein bisschen gelesen werden. Das muss keine schwere Lektüre sein, das Kind darf selber wählen, welche Bücher es gerne lesen möchte.

„blubb"

Lesen Sie gemeinsam mit Ihrem Kind. Wählen Sie gemeinsam ein spannendes Buch. Jetzt lesen Sie abwechselnd ein Stückchen laut vor. Lesen Sie einen Absatz und sagen Sie nach einer kurzen Zeit „blubb!" Das ist das Zeichen für Ihr Kind, dass es selber an der Reihe ist. Nun liest das Kind laut vor und Sie lesen leise mit. Auch Ihr Kind kann mit dem Zauberwort „blubb" die Leseaufgabe an Sie zurückgeben.

FÜR DAS LEBEN ...
Spielerisch lernen

Das Meiste, was Sie wissen, haben Sie wahrscheinlich nicht aus Büchern gelernt, sondern in der Anwendung. Nicht umsonst erklären viele Berufstätige, sie hätten die wichtigsten Fertigkeiten nicht während der Ausbildung, sondern in den ersten Arbeitsjahren erlernt.

Darum denken wir jetzt auch einmal weiter als bis zum nächsten Test, zur nächsten Schularbeit. **Wissen entsteht in der Anwendung, in der Umsetzung von trockenem Lernstoff in den Alltag des Lebens.**

Finden Sie Schnittstellen zwischen der Schule und dem „echten Leben". So gibt es zum Beispiel immer mehr kindgerechte „Mitmachmuseen", in denen Erkenntnisse „begriffen" werden können. Schulfächer können auch zum Hobby werden. Dann heißt es nicht mehr „Ich muss Biologie lernen", sondern „Ich gehe in den Tierfachhandel und erkundige mich". Oder statt Geografie zu büffeln, wird im Atlas geschmökert.

Nützen Sie den aktuellen Lernstoff als Inspiration für Ausflüge am Wochenende. Gehen Sie Blätter verschiedener Bäume sammeln oder Tiere im Zoo beobachten. Bevor die nächste Reise geplant wird, werden erst alle möglichen Länder im Atlas gesucht. Der Atlas sollte auch während den Fernsehnachrichten immer parat liegen. Zu oft ist da von Ländern die Rede, über die wir nicht allzu viel wissen. Im Atlas können Sie zumindest nachschlagen, wo sie liegen, wie die Nachbarländer heißen und wie weit sie von uns entfernt sind …

Lernspiele

Wer bin ich?

Denken Sie sich eine Person aus. Ihr Kind soll mit so wenigen Fragen wie möglich herausfinden, um welche Person es sich handelt. Sie antworten nur mit ja oder nein. Sobald die Person erraten ist, werden die Rollen vertauscht. Natürlich können Sie gezielt Personen wählen, die gerade für die Lernziele Ihres Kindes wichtig sind, zum Beispiel Figuren aus dem Geschichtsunterricht.

Stadt-Land-Fluss

Stadt-Land-Fluss lässt sich nicht nur mit geografischen Begriffen spielen. Probieren Sie es zur Abwechslung auch mit fremdsprachigen Wörtern, naturwissenschaftlichen Fachausdrücken, Komponisten oder historischen Persönlichkeiten.

Bei diesem Spiel werden die einzelnen Themen nebeneinander auf ein Blatt Papier geschrieben. Anschließend nennt ein Spieler einen beliebigen Buchstaben. Alle Mitspieler versuchen nun zu jedem Begriff ein Wort zu finden, das mit dem entsprechenden Anfangsbuchstaben beginnt. Wer als Erster zu jedem Thema ein Wort gefunden hat, hat gewonnen und bekommt 20 Punkte extra. Zusätzlich darf jeder Spieler für jedes richtige Wort 10 Punkte rechnen. Haben zwei Spieler zufällig denselben Begriff aufgeschrieben, erhalten sie nur 5 Punkte dafür.

Gedächtnisspiele

Viele Brettspiele trainieren gezielt bestimmte Fertigkeiten, die ein heranwachsendes Kind erlernen muss. Sicherlich kennen Sie „Memory", den Klassiker unter den Gedächtnisspielen. Sie können Memory-Spiele übrigens auch selber herstellen, indem Sie Lernbegriffe auf die Rückseite von alten Memory-Karten kleben. Hier noch eine Auswahl anderer beliebter Gedächtnisspiele für den Alltag:

Koffer packen

Ihr Kind beginnt das Spiel mit folgendem Satz: „Ich packe meinen Koffer und gebe eine Zahnbürste hinein." Sie schließen an und packen einen zweiten Gegenstand ein, z. B. „Zahnbürste und T-Shirt". Ihr Kind folgt beispielsweise mit „Ich packe meinen Koffer und gebe eine Zahnbürste, ein T-Shirt und ein Buch hinein". So packen Sie gemeinsam einen Koffer für eine imaginäre Reise.

Das ist der Klassiker. Sie können aber auch andere Themen für diese Gedächtnisübung wählen. z. B.:
– Im Zoo lebt ...
– Ich gehe ins Museum und sehe ...
– Ich steige in die Zeitmaschine und treffe ...
– Ich räume mein Zimmer auf und finde ...

KIM

Suchen Sie ein paar Gegenstände zusammen und legen Sie sie auf den Tisch. Ihr Kind hat ein paar Minuten Zeit, sich die Gegenstände zu merken. Danach muss es die Augen schließen und Sie nehmen heimlich ein Objekt weg. Weiß Ihr Kind, um welchen Gegenstand es sich handelt?

Statt Gegenständen können Sie auch Kärtchen mit aktuellem Lernstoff (z. B. die Namen der Bundesländer) auflegen.

Notizen:

Quellen:

1. Huttenlocher, P.R. (1994). Synaptogenesis in human cerebral cortex. In: G. Dawson & K.W. Fischer (Hrsg.), Human behaviour and the developing brain (S.137–152). New York: Guilford Press.
2. Salamy, A. (1978). Commissural transmission: Maturational changes in humans. Science, 200, 1409–1411.
3. Anderson, J.R. (2001). Kognitive Psychologie. Spektrum
4. Anderson, J.R. (2001). Kognitive Psychologie. Spektrum
5. Zimbardo, P.G. & Gerrig. R.J. (2004). Psychologie. München: Pearson Studium
6. Endres, W. (2004). 111 starke Lerntipps. Beltz
7. Gardner, H. (1994). Abschied vom IQ. Die Rahmentheorie der vielfachen Intelligenzen. Stuttgart
8. Iglowstein, I., Jenni, O.G., Molinari, L., Largo, R.H. (2003). Sleep Duration From Infancy to Adolescence: Reference Values and Generational Trends. Pediatrics Vol 111. No 2
9. Deutsche Gesellschaft für Kinder- und Jugendmedizin e.V. (2006). Mein Kind schläft nicht. Informationsbroschüre.
10. Deutsche Gesellschaft für Ernährung, Österreichische Gesellschaft für Ernährung, Schweizerische Vereinigung für Ernährung (2000). DACH: Referenzwerte für die Nährstoffzufuhr. Umschau/Braus
11. Portman, R. & Schneider, E. (2004). Spiele zur Entspannung und Konzentration. Don Bosco, S. 83
12. Portman, R. & Schneider, E. (2004). Spiele zur Entspannung und Konzentration. Don Bosco, S. 65
13. Kiefer, I., Skof, S. & Schwarz, W. (2006). Fit im Kopf. Kneipp, S. 66
14. DIN ISO 5970 (1981-01). Stühle und Tische für Bildungseinrichtungen; Funktionsmaße
15. Godden, D.R. & Baddeley, A.D. (1975). Context-dependent memory in two natural environments: On land and under water. British Journal of Psychology, 66, S. 325–332
16. Dilts R.B.(1994). Strategies of Genius. Volume I: Aristotle, Sherlock Holmes, Walt Disney, Wolfgang Amadeus Mozart. Meta Publications, Capitalo
17. www.ta7.de, aufgerufen am 3.2.2008
18. www.demetrius-degen.de, aufgerufen am 3.2.2008
19. Text aus Wikijunior auf www.wikipedia.org, aufgerufen am 3.2.2008
20. Rolfes E.: Aristoteles - Von Gedächtnis und Erinnerung, kleine naturwissenschaftliche Schriften (parva naturalia)
21. Jugendzimmer auf www.leiner.at, abgerufen am 5.2.2008
22. ARGE Österreich www.schwimmabzeichen.at, abgerufen am 4.2.2008
23. Nach Ingried Teufel, Volksschullehrerin in Wien
24. Nach Gabriela Freimuth, Gymnasiallehrerin in Wien, mit herzlichem Dank
25. Iberer, G. (2000). Leichter Lernen. Hubert Krenn Verlag
26. http://www.yoomcom.de/images/50015.jpg abgerufen am 13.2.2008
27. Endres, W. (2004). 111 starke Lerntipps. Beltz
28. www.wikipedia.org abgerufen am 14.2.2008

HUBERT KRENN VERLAG — SACHBUCH

Guter Rat ist nicht teuer

Einmal gelernt – nie mehr vergessen
Katharina Turecek

Lernen bedeutet vor allem Informationen so im Gehirn abzuspeichern, dass sie nicht mehr verloren gehen. Wie man Informationen so verarbeitet, dass sie den Sprung vom Kurzzeitgedächtnis ins Langzeitgedächtnis schaffen, veranschaulicht die Autorin mit einfachen Tricks und Tipps.

128 Seiten, 15 x 21 cm, broschiert, zahlreiche Farbabbildungen, Preis: € 12,90
ISBN 978-3-902351-40-1

Warum wir essen, was wir essen
Eva Derndorfer

Die Ernährungswissenschaftlerin Dr. Eva Derndorfer führt Sie durch die faszinierende Welt des Geschmacks. Vom Kind bis zum alten Menschen – für jede Altersstufe zeigt sie anhand neuester Erkenntnisse und für den Laien verständlich, warum wir essen, was wir essen.

144 Seiten, 16,5 x 23 cm, broschiert, durchgehend bebildert, Preis: € 16,90
ISBN 978-3902532-67-1

Gutes Gedächtnis – leicht gemacht mit CD
Luise M. Sommer

Der Titel des Buches ist Programm: die Einführung in das Thema Gedächtnistraining für Menschen jeden Alters. Sich Namen und Gesichter merken, über ein verblüffendes Zahlengedächtnis verfügen, das Erinnerungsvermögen im beruflichen und privaten Alltag nachhaltig fördern – dies ermöglichen die spielerisch vorgestellten mnemotechnischen Methoden.

192 Seiten, 16,5 x 23 cm, gebunden, durchgehend zweifarbig, Preis: € 22,
ISBN 978-3-902532-87-9

Hubert Krenn VerlagsgesmbH

Gußhausstraße 18, 1040 Wien, Tel. 01 585 34 72, Fax 01 585 04 83, hwk@buchagentur.at, www.hubertkrenn.at

HUBERT KRENN VERLAG SACHBUCH

Kinder & Ernährung

Generation Chips
Fröhlich, Finsterer

Ohne Scheuklappen analysieren die Autoren Edmund Fröhlich, Gesundheitsmanager im privaten Klinikbereich, und Susanne Finsterer, Journalistin, das Phänomen einer bevorstehenden Fettsucht-Epidemie und untermauern ihre schonungslosen Überlegungen durch zahlreiche Interviews mit namhaften Experten und Betroffenen.

128 Seiten, 16,5 x 23 cm, broschiert, durchgehend bebildert, Preis: € 16,95
ISBN 978-3-902532-30-5

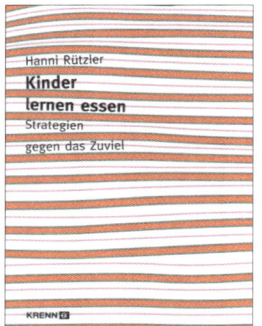

Kinder lernen essen
Hanni Rützler

Die Autorin zeigt neue Wege im Umgang mit der Vielfalt auf und setzt den Schwerpunkt auf den lustvollen, sinnlichen Umgang mit den Lebensmitteln. Hier finden Sie kindergerechte Wege zum Wohlfühlgewicht, zum Abbau von Übergewicht, sowie viele Hintergrundinformationen und wertvolle Tipps und Tricks, wie Sie die Ernährung und Freizeit Ihres Kindes besser gestalten können.

240 Seiten, 16,5 x 23 cm, gebunden, Preis: € 24,90
ISBN 978-3-902351-94-4

Starke Kinder lernen essen
Karin Lobner

Ein praktischer Ratgeber für Eltern mit übergewichtigen Kindern. Dicke Kinder haben es schwer. Sie müssen stark sein, um Hänseleien und Ausgrenzungen zu ertragen. Die Zahl der Kinder, die zu viele Kilos mit sich herumtragen, nimmt seit Beginn der 80er Jahre stetig zu.

128 Seiten, 16,5 x 23 cm, broschiert, durchgehend bebildert, Preis: € 16,95
ISBN 978-3-902532-31-2

KRENN
Hubert Krenn VerlagsgesmbH

Gußhausstraße 18, 1040 Wien, Tel. 01 585 34 72, Fax 01 585 04 83, hwk@buchagentur.at, www.hubertkrenn.at